POUR ABORDER LA LINGUISTIQUE

DU MEME AUTEUR

Tome 2 : *L'usage de la linguistique en classe de français*, ESF, 1979 (avec la collaboration de D. Campagne, O. Chapuis, H. Cottez, A. Meunier et G. Petiot).

La pragmatique linguistique, Nathan, Collection N, 1985.

Anthologie de la littérature française, Larousse, 1985. Co-éditions : allemande et italienne, 1985 ; japonaise, 1987.

La stylistique aux concours, avec M.-A. Morel, G. Petiot, Champion, 1992.

***

Direction de la collection A LA RENCONTRE DU FRANÇAIS, Larousse, 1978-1979.

Ecrire le français d'aujourd'hui, Educalivre, 1983, en collaboration avec D. Jeanrenaud).

Textes et Marges, Classes de l'enseignement technique, Educalivre, 1984 (en coll.).

Vocabulaire, 350 exercices..., avec J. François, Hachette, 1991.

Langue et littérature. Grammaire, communication, techniques littéraires, Nathan, 1992.

***

Prof de français... et heureux de l'être, Nathan, 1982.

Le dico du cœur, Belfond, 1989.

Les mots qui ont perdu leur latin, Belfond, 1989.

Les mots du fer et des Lumières, Champion, 1993 (thèse de doctorat d'Etat).

ILLUSTRATIONS de Gérard FENNETEAU

COLLECTION SCIENCE DE L'ÉDUCATION
Sous la direction de Daniel Zimmermann

Roland ELUERD

Docteur ès lettres

TOME 1

POUR ABORDER LA LINGUISTIQUE

INITIATION - INFORMATION

Préface de Robert-Léon WAGNER

7e édition revue et augmentée

ESF éditeur
17, rue Viète, 75017 Paris

COLLECTION SCIENCE DE L'EDUCATION

Voir en fin d'ouvrage
la liste des titres disponibles

ISBN 2 7101 1027 X

TABLE DES MATIÈRES

TOME 1
POUR ABORDER LA LINGUISTIQUE

PREMIERS ELEMENTS

LECTURE DU COURS DE LINGUISTIQUE GENERALE

L'ANALYSE DES ENONCES : LES NIVEAUX ET LES METHODES

RAPPEL DU SOMMAIRE DU TOME 2

L'USAGE DE LA LINGUISTIQUE EN CLASSE DE FRANÇAIS

PRÉFACE

Ce qui semble aller de soi, « naturellement » (comme on dit), a un caractère d'évidence tel que la plupart des gens l'admettent sans surprise ni inquiétude. Qu'un enfant ne parvienne pas à s'assurer sur ses jambes à l'âge où il devrait marcher, cette anomalie désolera ses parents. Ils consulteront un médecin, s'en feront expliquer la cause. Les autres parents, eux, accueillent comme une grâce les premiers pas de leur fils, les premiers « papa maman » timidement balbutiés par leur fille, mais sans s'étonner outre mesure de ces performances. Il marche parce qu'il *doit marcher. Elle parle* parce qu'on *doit parler.*

Dès la plus haute Antiquité, des esprits perspicaces ont toutefois réfléchi, selon leurs moyens, aux problèmes posés par ce qu'on appelle aujourd'hui l'information et la communication. Il leur est très tôt apparu que l'homme se distinguait de l'animal par la manière dont il se fait entendre de son semblable. Le langage a été tenu par ces observateurs, avec l'emploi des mains, la stature droite, le port de la tête, pour un des traits majeurs qui différencient notre espèce des autres espèces vivantes. Peut-être ne les reliaient-ils pas, alors que les anthropologues actuels semblent les tenir pour solidaires. Tous, en revanche, ont considéré que l'exercice de la parole articulée suffit à mettre l'homme à part et à lui valoir une prééminence sur le reste des créatures.

Pas d'hommes sans société. Pas de société sans qu'à un moment, précoce ou tardif, l'exercice de la parole ne soit jugé digne qu'on le surveille, qu'on le règle. Cette prise de conscience précède de peu la naissance de la grammaire. Une caste se constitue à côté de celle des prêtres, des guerriers, des agriculteurs, des artisans. Les membres de cette confrérie ouvrent des écoles, enseignent l'art de s'exprimer sans fautes et de symboliser correctement, au moyen de signes ingénieux, les énoncés qui viennent aux lèvres.

Des siècles s'écoulent. Tandis que, plus tard, psychologues, anatomistes, physiciens analysent les composantes d'un acte de communication, et que les comparatistes dressent les généalogies d'idiomes morts et d'idiomes vivants, les grammairiens — pédagogues empiriques — s'en tiennent (qui les en blâmerait ?) à travailler sur les formes étrangement variées qui manifestent d'un bout du monde à l'autre les pouvoirs du langage. Chacun ne considérant en général que la langue en usage dans la société dont il est membre, ignorant les problèmes de genèse (historique ou structurale), assumant le rôle de définir un modèle idéal de cette langue et d'accoutumer ses disciples à s'y conformer. Cela dans l'idée que la correction, en matière de langage, est, parmi d'autres, l'indice d'un bon comportement ; dans le sentiment aussi — fort juste — que réprimer les fantaisies individuelles, tempérer les hardiesses, les innovations, retarder autant que faire se peut une évolution trop hâtive de la langue, c'est maintenir un contact entre vieillards et enfants, assurer la survie du passé, prémunir donc la société contre des forces qui risquent à tout moment d'en affaiblir la cohérence.

*Grande est l'estime que méritent les maîtres qui se dévouent à cette tâche. Mais en raison même de la portée de leur travail, ceux qu'on décorait autrefois du beau nom d'*instituteurs *ont droit à plus d'égards qu'un respectueux coup de chapeau. Par la force des choses, en effet, l'enseignement de la grammaire ne peut plus se cantonner dans l'étroit vallon que jalonnaient naguère de sévères et catégoriques « dites..., ne dites pas ! ». On a méconnu trop longtemps, il faut le dire, la capacité des professeurs de grammaire et celle de leurs élèves à s'élever au-dessus de ces prescriptions dogmatiques. Quand F. BRUNOT a lutté en vue d'introduire dans les grammaires des éléments d'histoire de la langue, ce n'était pas pour le simple plaisir de « moderniser » ces ouvrages. Cet homme qui, autant que M. ROQUES, comprenait admirablement la pédagogie, les problèmes qui se posent à un instituteur, ceux qui tourmentent un enfant, mettait ainsi à la portée des uns et des autres le moyen de répondre — d'une façon élémentaire, sans doute, mais utile — aux questions que les esprits les plus simples se posent d'entrée de jeu en face d'un état de fait :* à quoi cela répond-il ? d'où cela vient-il ? *Un enseignement est-il fécond s'il ne suscite des curiosités et s'il ne propose de quoi les satisfaire ?*

La cause dont F. BRUNOT s'est fait le champion n'est plus à défendre. Aussi longtemps du moins qu'une initiation à l'ancien français et à l'histoire de la langue figurera dans les cursus, les maîtres seront armés pour répondre au « d'où cela vient-il ? » *que leurs élèves jetteront tôt ou tard dans leurs jambes.*

Mais après tout, nous pourrions ne rien connaître de la préhistoire et de l'histoire ancienne du français. Cette langue n'en fonctionnerait pas moins, et sa capacité à permettre l'échange d'énoncés informatifs, son aptitude à engendrer des formes de beauté n'en seraient pas moins grandes. Sans ces conditions, quel enfant ne serait dans son droit en demandant : « Que fais-je lorsque je parle ?... *et* Comment cela marche-t-il ? ». *L'hypothèse d'un enfant curieux n'est nullement utopique. Ce* « comment cela marche-t-il ? » *me fut plus d'une fois posé au cours des années où j'enseignais le français en 5ᵉ, à Chartres, et cette année même notre petite fille, âgée de neuf ans, s'inquiétait de savoir « pourquoi tout le monde ne parle pas la même langue ». Je ne suis pas de ceux qui préfèrent renvoyer à ses jeux un enfant quand il pose des questions « indiscrètes ». Tout questionneur de bonne volonté mérite qu'on l'éclaire, et quiconque aime à enseigner sait qu'il y a des réponses appropriées à chaque âge. Au reste, en s'informant ainsi, que font ces trouble-fête sinon évoquer naïvement des problèmes dont de fortes têtes, un F. de SAUSSURE, un L. BLOOMFIELD, un C.S. PEIRCE ont dégagé les données essentielles au cours du premier âge de la linguistique moderne.*

On peut dire que, jusqu'à eux, soit avant la seconde moitié du XIXe siècle, on considérait dans le langage un pouvoir spécifique doué d'une nature inquiétante : s'exerçant d'une manière anarchique et engendrant d'étranges monstres car, à les entendre, *qu'est-ce qu'ont de commun, on se le demande, des énoncés de même sens proférés par un Allemand, un Finlandais, un Russe, un Vietnamien, un Malgache, un Israélien et un Français ? En discernant une entité inhérente au langage — la langue — et en définissant celle-ci comme l'ensemble des conditions auxquelles doit satisfaire tout énoncé, sous quelque forme que ce soit, pour être cohérent et intelligible, ces linguistes ont d'abord réduit théoriquement les écarts superficiels qui différencient les idiomes, c'est-à-dire les réalisations particulières, variables, sous lesquelles se manifeste le langage. En vérifiant de proche en proche les conditions qui fondent cette constante — la langue — eux et leurs successeurs ont en second lieu mis au point des méthodes propres à faciliter une analyse rationnelle des idiomes, ainsi qu'une description satisfaisante et féconde de ces « monstres ». La linguistique moderne s'est trouvée du même coup en mesure de répondre, sinon totalement du moins en grande partie, aux deux questions naïves :* « que fais-je quand je parle ? » *et* « comment cela marche-t-il dans tous les cas ? »

Ces découvertes, capitales, sont le fruit d'un travail qui a progressé par à-coups. Les savants à qui on les doit ne visaient pas tous, en effet, les mêmes buts en même temps et ils n'expérimentaient pas les mêmes démarches d'approche. Chacun, de surcroît, s'est créé une terminologie propre, des jeux de symboles particuliers, et la diversité de leurs modes d'expression n'est pas le moindre des obstacles qui déconcertent un lecteur insuffisamment préparé à suivre les cheminements d'une pensée qui se cherche. Enfin la linguistique moderne s'est développée dans des « écoles », donc au sein de rivalités et de polémiques qui constituent l'aspect superficiel, anecdotique, de son histoire. Mais quelle science, à la vérité, échappe à ces contingences ? Quand de soi-disant « humanistes » trouvent plaisant de railler celle-là pour quelques gaucheries inévitables, ou en taxant d'énigmatiques des démarches dont ils n'ont pris la peine de saisir ni l'objet ni la portée, ils manifestent la médiocrité pour ne pas dire la vulgarité de leur esprit.

Si on examine, au contraire, de bonne foi, le développement de la linguistique à partir du XIXe siècle, on est frappé de la logique à laquelle il a obéi. Aussi longtemps que les grammairiens demeuraient insensibles ou fermés aux questions que soulèvent et l'évolution *d'une langue et la diversification généalogique des idiomes, ils participaient à l'état d'esprit des parents dont nous parlions plus haut, qui se contentent d'admettre comme naturelle une évidence. La linguistique dite diachronique les a heureusement tirés de leur torpeur. Aux résultats que l'on porte à son compte — soit le bilan précis des accidents qui de proche en proche modifient la structure d'un idiome, soit la découverte des critères qui permettent de discerner et d'établir des familles de langues et les relations qu'entretiennent les idiomes d'une même famille — il convient d'ajouter l'importance enfin reconnue aux notions d'état de langue et de système. En ce sens on est fondé à dire, sans paradoxe, que la linguistique dite synchronique était impliquée par la précédente et que ses droits ne pouvaient pas être reconnus avant que les historiens eux-mêmes n'eussent réfléchi à une difficulté singulière. Comment concilier, en effet, la continuité persévérante de l'évolution, l'échéance régulière d'accidents généraux, d'altérations particulières, avec le fait qu'à tout moment, au cours de l'histoire, une langue soit apte à exprimer tout ce que l'on a à dire et que ceux qui la parlent écoutent, répondent, se comprennent sans difficulté ? Combien de temps ? Entre combien de générations une telle entente demeure-t-elle possible ? A quelles conditions un idiome fonctionne-t-il sans que les usagers ne se sentent gênés par son passé, étant admis qu'ils ne se préoccupent que fort peu de son avenir ?*

Engagée dans ces recherches, la linguistique n'en a pas encore atteint le terme. On fait état des divergences qui la divisent à l'heure actuelle. On oppose Pierre à Paul, André à Jacques. Ici encore à parler franc, ces débats plus ou moins vifs ne me paraissent pas le moins du monde inquiétants. J'admire, au contraire à quel point se complémentent des points de vue et des procédés en apparence très éloignés les uns des autres. Ce qu'il y a de valable dans l'œuvre d'un des savants qui coopèrent à cette entreprise n'est jamais annulé par ce que l'œuvre d'un autre contient de neuf et de valable. CHOMSKY, RUWET ne rendent pas périmés HARRIS et GROSS. S'il est utile d'avoir étudié GUILLAUME avant d'aborder la lecture de MARTINET, l'inverse est aussi vrai. En fait, de chacune des hypothèses de travail posées par ces chercheurs, de chacun des essais expérimentés dans leurs écoles un maître tire aisément pour ses auditeurs les données d'un plan qui les initiera peu à peu, en suivant un ordre heuristique raisonnable, aux problèmes fondamentaux qui sont l'objet de la linguistique moderne.

Ces réflexions précèdent un opuscule auquel je souhaite bonne chance. Une fois lu le manuscrit que R. ELUERD m'avait communiqué, je ne cacherai pas qu'il m'a plu.

L'auteur s'adresse à ceux qui enseignent le français. Presque tous, aujourd'hui, tiennent, théoriquement, pour nécessaire la conciliation de deux tâches complémentaires : inculquer les normes (ce qui demeure indispensable), et en même temps justifier celles-ci, ce qui ne va pas sans l'aide de quelques vues simples (non moins indispensables à des élèves) sur les niveaux de langue, les mécanismes d'un acte de communication, les relations entre parole et langue, les conditions qui président à l'intelligibilité comme à la grammaticalité des énoncés. J'ai dit « tiennent théoriquement »... car bon nombre d'entre eux ne peuvent participer à des séminaires de recyclage. Toutes les Facultés n'en dispensent pas et d'autres raisons valables empêchent malheureusement pas mal de maîtres de fréquenter les centres qui organisent ce genre de travail. Les renvoyer directement *à des manuels ? Loin de moi l'idée de médire de cette espèce d'ouvrages. Notre discipline en compte d'excellents et de fort utiles. Mais outre que certains — et des plus sûrs — ne traitent pas spécifiquement du français tous ont, à mes yeux, l'inconvénient d'être inspirés d'un esprit un peu partisan, chacun défendant une thèse, une méthode. A la vérité, il manque un livre qui montrerait comment, loin de s'exclure, toutes ces démarches se coordonnent. Tant qu'on ne le possédera pas, force est de préparer* d'abord *les maîtres à une* lecture critique *des manuels qui les mettra ensuite en mesure d'aborder avec fruit les grands textes originaux qui constituent, ensemble, la charte de la linguistique tant diachronique que synchronique.*

R. ELUERD s'est rappelé qu'une classe diffère d'un amphithéâtre. Les élèves jeunes supportent très mal le genre conférence. On ne les attache qu'en tirant parti de leurs moyens et de matériaux à leur portée. Des exercices distrayants, progressifs qui excitent leur faculté d'observation et d'invention sont le meilleur moyen de les faire suivre un commentaire court, clair, qui mette en place leurs petites découvertes et qui les fasse réfléchir — ce qui me paraît essentiel — à leur responsabilité de sujets parlants.

Dès lors, pourquoi ne pas procéder de même à l'égard des maîtres de bonne volonté qui désirent s'initier seuls à la linguistique en vue d'accroître la portée de leur enseignement ? Non pas, comme certains le disent sottement, en traitant leurs élèves comme sujets d'expériences, mais pour faire sortir ces enfants de la situation de cobayes à qui l'on injecte de force cent vérités premières dans l'esprit le plus dogmatique.

Sûreté de l'information, emploi de la méthode inductive, exploitation éclairante d'exercices à partir desquels tout maître peut en inventer et en construire d'autres, tels sont les mérites d'un livre qui, exempt de parti pris échappe de surcroît au péril d'un didactisme ennuyeux. Nul doute que le public auquel il s'adresse ne soit sensible aux intentions et au sens pédagogique de celui qui l'a conçu et qui l'a écrit.

Robert-Léon WAGNER,
Directeur d'Etudes à l'Ecole
Pratique des Hautes Etudes.

REMERCIEMENTS

Je dois beaucoup aux institutrices et aux instituteurs stagiaires ces dernières années au *Centre Régional de Formation des Maîtres de l'Enfance Inadaptée,* à l'Ecole Normale de Versailles. Leur intérêt toujours exigeant, leurs questions et leur expérience m'ont été indispensables.

J'espère que ce livre ne décevra pas Lucien BRUNELLE, directeur de ce Centre : c'est lui qui m'a donné l'idée de l'écrire.

Mon collègue Jean HÉBRARD m'a pertinemment conseillé sur plusieurs points du texte.

Laurence LENTIN a bien voulu ne me ménager ni ses conseils, ni ses encouragements tout au long de la mise au point du manuscrit : mes remerciements ne sauraient être à la mesure de ma dette.

Robert-Léon WAGNER m'a accordé la préface qui ouvre ce livre : c'est la marque d'un intérêt et d'une amitié qui font plus que m'obliger. Son absence aujourd'hui définitive ne peut faire taire ma reconnaissance, mais elle la teinte des couleurs de la peine.

(1977-1982)

Je remercie Jacques ROZIER et ses collaborateurs pour la manière dont ils ont donné vie aux pages 35 et 36 dans leur film *Maine Océan.*

(1993)

AVANT-PROPOS

Ce livre n'a aucune prétention que celle de souhaiter rendre service.

Il a été écrit à l'intention de ceux qui désirent, ou qui doivent, s'initier à la linguistique. Il s'adresse en particulier à ceux qui n'ont jamais ouvert un seul livre de linguistique et à ceux qui, après en avoir ouvert un, l'ont refermé au bout de dix pages, perplexes, inquiets ou anéantis !

Comprendre les analyses modernes du langage est à la fois plus simple et plus difficile qu'on ne l'entend souvent dire. Plus simple en ce sens que la linguistique n'est pas un savoir secret réservé aux seuls initiés capables de saisir d'un regard toutes les implications des théories les plus récentes ou les plus formalisées. Plus difficile en ce sens qu'il ne suffit pas de dessiner des arbres ou de dire *structure* quand on disait *organisation, syntagme* au lieu de *groupe* et *phonème* à la place de *son,* pour faire de la linguistique. C'est en refusant cette fausse complexité et cette fausse simplicité que nous avons écrit les pages qui suivent.

Nous sommes partis de quelques-unes des œuvres essentielles de la linguistique pour en dégager les principaux préalables. Conscient cependant que ces préalables peuvent dérouter les débutants, nous avons essayé, non pas d'effacer ou de contourner les difficultés, mais d'en débrousailler l'approche. Ce souci ne nous a jamais conduit à taire les débats ouverts entre les écoles linguistiques et ce sont même ces débats qui commandent en partie le plan de l'ouvrage.

La nouvelle édition conserve et enrichit cette présentation des principales thèses de la linguistique. Un chapitre complémentaire fait le point sur son évolution actuelle.

On pourra facilement nous reprocher d'avoir mal dosé nos propos, d'être allé trop vite ici, trop lentement là. Nos choix sont critiquables, d'autres le seraient également. Qu'on nous accorde du moins de n'avoir jamais perdu de vue notre lecteur : un complet débutant en linguistique.

A l'intention des enseignants, comme à l'intention de tous ceux qui s'intéressent à l'enseignement de la langue et de la littérature françaises, nous avons associé à ce premier volume un tome 2 intitulé *L'usage de la linguistique en classe de français.*

Le tome 2 ne peut être tenu pour un ouvrage d'initiation. Il prolonge, applique et élargit les notions et les analyses qui sont ici exposées.

ALPHABET PHONETIQUE INTERNATIONAL ET GRAPHIES ESSENTIELLES DU FRANÇAIS

i	mi [mi], île	i, y, î
e	dé [de], aller, allée	é, er, ai, ée
ɛ	mais [mɛ], reine, aile	è, ei, ai, ay
y	lu [ly], vue	u, ue
ø	jeûne [ʒøn], vœu, yeux	eu, œu
œ	jeune [ʒœn], œil	eu, œ
ə	me [ə]	e
u	mou [mu], houle	ou
o	Paule [pol], môle, eau	o, ô, au, eau
ɔ	Paul [pɔl], bloc	o, au
a	patte [pàt]	a
ɑ	pâte [pɑt], voix	a, â, dans oi [wa]
ɛ̃	brin [bʀɛ̃], saint, main	in, ain, ein, im, aim
œ̃	brun [bʀœ̃], parfum	un, um
ɔ̃	bon [bɔ̃], bombe	on, om
ɑ̃	banc [bɑ̃], en, temps	an, en, am, em
p	pou [pu], appel	p, pp
b	boue [bu], abbé	b, bb
m	mou [mu], pomme	m, mm
f	fou [fu], effet, phare	f, ff, ph
v	vous [vu], wagon	v, w
t	tout [tu], attente, thèse	t, tt, th
d	doux [du], addition	d, dd
n	nous [nu], actionne	n, nn
s	sou [su], rosse, scène, action	s, ss, c, sc, t
z	zou [zu], rose, zèbre	z, s
l	loup [lu], balle	l, ll
ʃ	chou [ʃu]	ch
ʒ	joue [ʒu], largeur, gigue	j, g (+ e, i)
ɲ	montagne [mɔ̃taɲ]	gn
k	cou [ku], képi, queue, chiasme	c, k, qu, ch
g	goût [gu]	g (+ a, o, u)
ʀ	roue [ʀu], erre	r, rr
j	yoyo [jojo], bille, lien	y, i, ill
ɥ	puits [pɥi], nuit, nuées	u (+ voyelle)
w	moi [mwa], oui, ouest	oi, ou (+ voyelle)

PREMIERS ÉLÉMENTS

1. phonétique articulatoire

Sans autre but avouable, pour le moment, que de prendre à contre-pied une exclusive attention à l'Ecrit, nous commençons cette initiation par la phonétique articulatoire.

1.1. LES BRUITS ET LES SONS PRODUITS PAR LA VOIX HUMAINE

1.1.1. La phonétique

La PHONÉTIQUE est l'étude des bruits et des sons produits par la voix humaine. Parmi tous ces bruits et tous ces sons, nous ne retiendrons ici que ceux qui s'avèrent nécessaires à l'articulation de la langue française d'aujourd'hui.

1.1.2. L'instrument vocal

Quand nous ne parlons pas, l'air inspiré et expiré ne fait pas d'autre bruit que celui de notre souffle. Divers organes peuvent être utilisés sur le trajet suivi par l'air expiré et permettre ainsi l'ARTICULATION des bruits et des sons de la langue.

On distingue trois ensembles d'organes :

— le *larynx* et les *cordes vocales ;*

— les diverses parties de la *cavité buccale,* soit d'arrière en avant : la *luette* (ou *uvule*), le *voile* du palais (partie arrière et souple du palais), le *palais* proprement dit (partie cartilagineuse), les *dents,* les *lèvres* et, bien entendu, la *langue* dont l'extrémité s'appelle l'*apex ;*

— la *cavité nasale.*

L'acte de parler est, du simple point de vue physiologique, l'un des plus complexes qui soit. Il met en jeu un nombre considérable de nerfs, de muscles. Certains sont directement sollicités et d'autres le sont par des vibrations de voisinage. Parlez à haute voix et placez votre paume sur le haut de votre poitrine : vous sentirez ce continuel frémissement. La sollicitation directe ou indirecte de tant d'organes explique la fatigue qui accable celui qui parle longtemps. Elle explique aussi qu'on puisse pratiquer par la récitation rythmée de textes ou de sons, une sorte de massage interne qui procure une réelle détente. Songez au calme propice à toutes les méditations : celui qui naît du chant grégorien des moines, celui qui naît de la diction du *AUM,* syllabe sacrée dans les religions d'Asie. Songez aux prolongements de ces remarques dans certains exercices de relaxation.

sons = voyelles / bruits
= bruits / sons = CONSONNES

1.1.3. Les voyelles et les consonnes

A l'aide de ces organes, la voix humaine articule des *sons* qu'on appelle des VOYELLES et des *bruits* ou des combinaisons de *bruits* et de *sons* qu'on appelle des CONSONNES.

1.2. LES VOYELLES DU FRANÇAIS :

En tenant compte de la manière dont une voyelle est *articulée*, c'est-à-dire, en tenant compte :
— des *organes* qui servent à l'articuler,
— et de la *disposition* de ces organes au moment de l'articulation,
on peut établir le tableau de la page 25.

1.2.1. Commentaires à propos du tableau I (1)

Quand l'air sort par la bouche, les voyelles sont dites ORALES : i, y, u... Quand l'air sort par la bouche et qu'une partie de l'air expiré vient résonner dans la cavité nasale, il y a *nasalisation*. Les voyelles sont NASALES. Le tilde (~) indique la nasalisation : ɛ̃, œ̃, ã, ɔ̃.

Prononcez i, e, ɛ, a et soyez attentif à *l'ouverture de votre bouche* du palais aux lèvres : vous comprendrez la distinction entre voyelles FERMÉES et voyelles OUVERTES.

Prononcez : i/y, e/ø et ɛ̃/ɔ̃ en étant attentif à *la forme que dessinent vos lèvres :* vous comprendrez l'opposition voyelles NON-ARRONDIES / voyelles ARRONDIES.

Pour saisir l'opposition voyelles ANTÉRIEURES/voyelles POSTÉRIEURES, on peut se représenter ce qui se passe au moment de l'articulation. La langue remonte vers le palais, réduit le passage laissé libre pour l'air et permet ainsi la production du son vocalique. Mais la langue est un muscle très souple. En remontant vers le palais elle peut, soit *se tendre légèrement vers l'avant* (voyelles *antérieures*), soit *se tasser vers l'arrière* (voyelles *postérieures*).

1.2.2. L'alphabet phonétique international (A.P.I.)

Les signes cabalistiques qui apparaissent sur le tableau pour noter les sons appartiennent à l'A.P.I. *Ne les confondez surtout pas avec les lettres de l'alphabet commun,* même si certains tracés se ressemblent. La difficulté vient du fait qu'on est un peu dans une histoire de fous. Pour transcrire les sons en échappant aux ambiguïtés de l'alphabet existant, on a mis au point un... alphabet. Moralité : ne confondez pas les alphabets.

(1) On trouvera sur un rabat de couverture de cet ouvrage l'Alphabet phonétique international accompagné des graphies essentielles du français correspondantes.

TABLEAU I — LES VOYELLES DU FRANÇAIS

Ouverture de la cavité buccale	Position de la langue		
	Langue vers l'avant **voyelles antérieures**		Langue vers l'arrière **voyelles postérieures**
	dessin des lèvres		
	Les lèvres ne sont pas arrondies **voyelles non-arrondies**	Les lèvres sont arrondies **voyelles arrondies**	
La bouche est presque close			
voyelles fermées	i	y	**u**
voyelles moyennes	e	ø ə	**o**
voyelles ouvertes	ɛ ɛ̃	œ œ̃	ɔ ɔ̃
La bouche est ouverte	a	ã ɑ	

1.2.3. Remarque

Reportez-vous, une fois encore, à ce premier tableau. Vous pouvez voir que les sons-voyelles ne se dispersent pas au hasard. Ils se distinguent les uns des autres par tout *un* RÉSEAU *de ressemblances et d'oppositions.* Dire d'une voyelle qu'elle est antérieure, c'est poser l'existence de voyelles postérieures et médianes. Dire d'une voyelle qu'elle est fermée, c'est poser l'existence de voyelles ouvertes...

Un ensemble ainsi structuré s'appelle par abréviation une STRUCTURE : chaque élément s'y trouve défini par rapport à tous les autres et par rapport à la totalité de l'ensemble.

1.3. LES CONSONNES DU FRANÇAIS

1.3.1. Premiers éléments de l'articulation des consonnes (tableau II)

En tenant compte :

— des *organes* qui servent à l'articulation,

— et du *lieu* de celle-ci,

on peut dresser le tableau II.

COMMENTAIRES SUR LE TABLEAU II.

Vous remarquez sur ce tableau de la page 27 que les noms, en apparence étranges, des consonnes sont en réalité d'une grande logique :

— une consonne est articulée par les *lèvres,* c'est une *labiale ;*

— cette articulation se produit au niveau des *dents,* la consonne est une *dentale ;*

— total : *une labio-dentale.*

On n'utilise pas de terme particulier pour les consonnes articulées par la langue, d'abord parce que même les labiales et les apicales mettent en jeu la langue, ensuite parce que dans un système à trois éléments, la définition de deux suffit.

Avec ces premières remarques sur l'articulation des consonnes, nous sommes parvenus à distinguer s, z, l et r de t, d et n,... Il faut distinguer maintenant s/z/l/r et t/d/n...

1.3.2. Autres éléments de l'articulation des consonnes

Remarque : Ces éléments n'interviennent pas *après* les précédents et ne sont pas moins importants qu'eux. Tous interviennent au même moment et avec la même importance. Nous ne procédons par étapes que pour expliquer les phénomènes.

TABLEAU II

1. Organe articulateur	LEVRES		APEX (extrémité de la langue)		LANGUE			
Nom qui en découle	LABIALES		APICALES					
2. Lieu d'articulation	lèvres	dents		alvéoles des dents	palais		voile	uvule (luette)
Nom qui découle de 1 et de 2	**bi-labiales**	**labio-dentales**	**apico dentales**	**apico-alvéolaires**	**pré-palatales**	**palatale**	**vélaires**	**uvulaire**
Consonnes concernées	p b m	f v	t d n	s z l r	ʃ ʒ	ɲ	k g R	ʁ

Consonnes SOURDES/Consonnes SONORES (on dit également consonnes NON-VOISÉES/consonnes VOISÉES). Dans les consonnes *sourdes*, l'air expulsé par les poumons n'est modulé qu'au niveau de la bouche. Dans les consonnes *sonores*, l'air est modulé par la vibration des *cordes vocales*, d'où le VOISEMENT. Il passe ensuite dans la bouche où se produit une articulation semblable à celle de la consonne sourde correspondante. Cette distinction *sourdes / sonores* est l'une des dernières à se mettre en place dans le langage des jeunes enfants. Les couples concernés sont : p/b, f/v, t/d, s/z, ʃ/ʒ, K/g.

Consonnes ORALES / consonnes NASALES. Mêmes remarques que pour les voyelles. Trois consonnes : m, n, ɲ.

L'air expiré, qu'il y ait eu ou non voisement, arrive au niveau de la cavité buccale. Plusieurs cas peuvent se présenter. Dans le premier cas, il rencontre un *obstacle* créé par les organes articulateurs. Sous la pression, l'obstacle cède soudain et la consonne est articulée. Il y a donc eu *occlusion* (fermeture) et ouverture. Ce phénomène s'observe dans les consonnes OCCLUSIVES : p, b, t, d, k, g, m, n, ɲ.

Dans le second cas ce n'est pas un obstacle que rencontre l'air mais un *étroit chenal* qu'il est forcé de parcourir. Le frottement de l'air contre les parois de ce chenal crée les conditions nécessaires à l'articulation de la consonne. On a donc une *constriction* (un resserrement) et ces consonnes sont nommées CONSTRICTIVES : f, v, s, z, ʃ, ʒ.

Le troisième cas comporte une occlusion centrale mais qui laisse le passage libre sur les côtés. D'où le nom de consonne LATÉRALE : l.

Dans le dernier cas, il y a encore une occlusion mais celle-ci n'est pas aussi fermement maintenue que pour les occlusives. La combinaison des deux forces contraires : l'occlusion et la pression de l'air expiré provoque une sorte de *vibration* de l'organe articulateur. D'où le nom de consonnes VIBRANTES : r (le r du Berry, du Centre...), ʁ (le r parisien grasseyé), ʀ (le r du français standard).

En tenant compte du tableau II et de ces remarques que nous venons de faire, on peut établir un nouveau tableau : III, page 29.

1.3.3. Les semi-consonnes du français

Le terme de SEMI-CONSONNES ou *semi-voyelles*, sert à désigner trois sons qui procèdent de trois sons voyelles fermés (i, y, u) déjà étudiés mais prononcés d'une manière légèrement plus resserrée (comme des consonnes constrictives).

j (appelé le *yod*) : yoyo [jojo]
ɥ (bien distinguer de y) : puits [pɥi]
w : moi [mwa]

Ces semi-consonnes ne peuvent se prononcer qu'avec l'appui d'une voyelle.

TABLEAU III — LES CONSONNES DU FRANÇAIS

EN TENANT COMPTE du trajet de l'air	de la nasalisation	de la voix	de l'organe articulateur et du lieu d'articulation: BI-LABIALES	LABIO-DENTALES	APICO-DENTALES	APICO-ALVEOLAIRES	PRE-PALATALES	PALATALE	VELAIRES	UVULAIRE
OCCLUSIVES	ORALES	SOURDES	p		t				k	
		SONORES	b		d				g	
	NASALES		m		n			ɲ		
CONSTRICTIVES		SOURDES		f		s	ʃ			
		SONORES		v		z	ʒ			
LATERALE						l				
VIBRANTES						r			R	ʁ

1.4. LA SYLLABE

Les sons que nous venons d'étudier se regroupent en unités appelées SYLLABES.

La syllabe est bâtie sur une voyelle. Une langue pourrait très bien ne fonctionner qu'avec des voyelles auxquelles seraient adjoints des éléments de différenciation comme par exemple des hauteurs de ton. En fait, toutes les langues utilisent le groupe consonne + voyelle (C-V).

La voyelle compose le *noyau* de la syllabe et celle-ci est limitée sur ses *frontières* par des consonnes, à moins que la frontière consonantique n'appartienne à la syllabe voisine. Le cas V-V correspond au *hiatus.* Divers types d'arrangement sont possibles :

V	: [u, e, ɔ̃]	C-C-V	: [klu, kʀi]
C-V	: [ku, ma, mɛ]	V-C-C	: [alt, ɔʀg]
V-C	: [ɑs, ɔʀ, il]	C-C-V-C	: [stɔp, flak]
C-V-C	: [kaʀ, bɛl]	C-V-C-C	: [kuʀs, pɔst]

L'important est de retenir qu'IL FAUT ABORDER LA SYLLABE DU CÔTÉ DE L'ORAL. La segmentation de l'écrit conduit vite à des inepties : *pomme* découpé *pom-me* alors qu'il n'y a qu'une seule syllabe [pɔm], *assez* découpé *as-sez* ce qui correspond à un [as-se] qui n'a rien à voir avec [ase], etc.

Nous ne saurions trop insister sur *cette nécessité de traiter la syllabe comme un fait exclusivement sonore :* certaines pratiques d'apprentissage de la lecture l'oublient souvent.

1.5. LES AUTRES ÉLÉMENTS DE L'ANALYSE PHONÉTIQUE

Ce sont les *intonations,* les *accents,* les *pauses...* Tous ces éléments fragmentent l'émission vocale en segments multiples qui combinent des syllabes combinant elles-mêmes des voyelles et des consonnes. Ils sont essentiels pour la prononciation correcte de la langue. Ils sont parfois indispensables pour la compréhension d'un message.

A tous ces éléments, ceux qui étudient le langage des enfants ajoutent selon les moments de l'acquisition : les *cris,* le *roucoulement,* le *gazouillis* (*babil, lallation,...*) ainsi que les *clics,* bruits divers de claquement ou de succion produits par la bouche.

1.6. LE CORPS ET LE LANGAGE

Le chapitre que vous venez de lire souligne les liens qui existent entre le corps et le langage. Les chapitres qui suivent vous donneront souvent l'impression que les analyses linguistiques s'occupent de l'entretien de purs esprits ! Pour la rigueur de ces analyses, c'est sans doute souhaitable : qu'importe que celui qui parle soit grand ou petit, l'important c'est ce qu'il dit. Et cependant ? Il est facile de trouver des exemples où le corps vient peser sur le langage : pensez à tous les troubles neuro-physiologiques qui peuvent le perturber.

A côté de ces cas, nous pouvons noter combien le débit respiratoire influe l'expression, combien la conformation des organes vocaux peut donner à la voix un climat original... Tout cela contribuant à la personnalité de tel ou telle.

Autre exemple : les mots qu'on ne prononce pas, les *mots-tabous* qu'il serait inconvenant de dire hors de contextes précis — la plupart d'entre eux désignent des réalités corporelles (parties du corps, fonctions diverses, dérèglements et maladies...).

A l'inverse, les énoncés provoquent des réactions corporelles, nous font rire et pleurer, nous confortent ou nous bouleversent.

Dans certains cas la réaction et l'énoncé sont, disons, homogènes. Exemple : la consigne donnée et exécutée, ou refusée mais reçue et comprise. Ou encore : le monologue qui permet de commenter et de soutenir l'action *(Bon, il faut y aller... Qu'est-ce que j'ai encore fait de ce papier ?...)*.

Dans d'autres cas, il y a distorsion entre l'énoncé et la réaction — le corps peut se révéler sensible au seul impact sonore et négliger plus ou moins le contenu sémantique (cf. le jeu du « JACQUES A DIT »).

Ces interactions simples, bien qu'évidentes, ne doivent pas être négligées. Dans toute situation de communication elles facilitent ou perturbent l'échange de manière importante. Si le prédicateur est mal rasé qu'importe ce qu'il dit : Pascal l'avait déjà noté.

Ce qui est valable pour les échanges entre adultes l'est aussi quand un enfant, même très jeune, participe au « dialogue ». Ainsi, les différentes productions sonores du bébé, de même que les sons qu'il entend, façonnent ses capacités en puissance d'émettre et de recevoir. Et c'est d'abord par le ton de la voix, par la résonance de cette voix dans son propre corps que l'enfant s'empare du langage : « l'importance de la voix de la mère ou des proches de l'enfant explique que la compréhension du message verbal ne se réalise pas chez l'enfant de moins de trois ans, si le discours de l'adulte ne se présente pas dans des conditions familières à l'enfant et avec le ton de voix habituel » (G. Sattler-Morini, *Corrélation entre langage et comportements moteurs*, in *Thérapie Psychomotrice*, n° 20, 1973, p. 58).

Nous tenions donc à vous le faire remarquer dès le début : même si nous semblons l'oublier, le corps des sujets parlants sera toujours présent en filigrane des divers chapitres, puisqu'il n'est de langage qu'incarné.

Dire cela ne signifie pas du tout qu'on puisse utiliser sans précaution une expression comme : le langage du corps. Le corps ne parle, par ses gestes ou ses attitudes, que dans la mesure où le langage verbal peut à tout moment expliciter verbalement la signification de ces gestes ou de ces attitudes. Tout pesé, il n'est de langage que verbal (cf. R. Eluerd, *Le corps et le langage*, in *Les cahiers de l'enfance inadaptée*, Paris, Sudel, n° 204, janvier 1976).

PROPOSITIONS D'EXERCICES

1 - Comment expliquer que les enfants confondent longtemps [kado] et [gato] ?

2 - Pourquoi avons-nous du mal à articuler : « *les chemises de l'archiduchesse sont-elles sèches, archi-sèches* » ?

3 - Dans votre pratique personnelle, retrouvez-vous toutes les voyelles du tableau I ?

4 - De quelle nature sont les raisons qui mènent à segmenter à l'écrit : *pom-me, bal-le,* etc., en contradiction avec les syllabes réelles de ces mots ?

5 - Quels CLICS utilisez-vous dans votre pratique personnelle ?

6 - Voici le plan d'un livre DIT d'apprentissage de la lecture au C.P. Critiquez-le à la lumière de ce que vous venez d'apprendre :

i, o, e, u, a, é, è, ê, l, p, t,...

□ *Voir en fin de volume les commentaires des exercices proposés.*

2. quelques remarques sur les problèmes de la, ou des normes

Pour parler net, mieux vaudrait manier un baril de poudre qu'évoquer les problèmes normatifs soulevés par les utilisateurs de la langue française. Le péril serait moins grand. Dans les débats ouverts par l'enseignement moderne de notre langue, la question de la, ou des normes, souvent liée à celle de l'orthographe, enflamme systématiquement les propos.

On peut cependant dessiner les contours d'une approche positive de la question, sans prétendre à une neutralité impossible. Aussi, et dès maintenant, nous hissons nos couleurs :

Quelles raisons y aurait-il d'interdire à quelque Française ou Français que ce soit, l'apprentissage et l'usage de TOUTES les ressources du français ?

2.1. GRAMMAIRE DESCRIPTIVE ET GRAMMAIRE NORMATIVE

En face d'un énoncé deux attitudes sont possibles. La première consiste à *le décrire* sans s'interroger sur sa correction par rapport à un usage qu'il faudrait suivre. C'est l'attitude de la GRAMMAIRE DESCRIPTIVE. La seconde consiste à le *classer comme correct ou non,* à recenser les fautes qu'il contient ou qu'il ne contient pas, à le corriger pour parvenir à un énoncé jugé convenable. C'est l'attitude NORMATIVE.

Dans l'hypothèse pédagogique qui est celle où nous nous plaçons, écarter délibérément l'une ou l'autre de ces attitudes conduit à une impasse. L'attitude normative est tout à fait naturelle, elle est même la première à venir à l'esprit de celui qui souhaite utiliser une langue.

Savoir ce qui se dit et ce qui ne se dit pas : qui pourrait prétendre l'ignorer ? Les premières « grammaires » répondaient à ce souci. Il s'agissait de recueils composés un peu à la manière des « *dites..., ne dites pas...* » et destinés aux étrangers qui voulaient s'exprimer dans notre langue. Au départ : des Anglais connaissant bien le français pour des Anglais le connaissant moins bien.

Aujourd'hui encore, les chroniques de langage des divers journaux consistent presque toujours en des réponses aux remarques ou questions formulées par les lecteurs sur tel ou tel point précis de l'usage.

Qu'il s'agisse du *bon français,* du *bon usage,* du *bel usage,* de l'*usage des grands écrivains,* de l'*usage défini par l'Académie...* importe peu. Le principe normatif est clairement ressenti par tous les utilisateurs du français.

2.2. PETITE HISTOIRE DU POINT DE VUE NORMATIF

C'est très tôt que s'affirme la primauté du *francien,* le dialecte parlé en Ile-de-France. Son extension se trouvera liée au succès politique de la famille royale. Que l'unité du Royaume se fît autour d'une famille picarde ou languedocienne nous parlions tous le *picard* ou tel dialecte de *langue d'oc !* Il convient pourtant d'ajouter : *peut-être,* car à la veille de la Révolution les deux tiers des Français ne parlaient pas le français. Nous devons donc plutôt dire : c'est très tôt que s'affirme la primauté du francien dans les œuvres littéraires. Ce qui a prévalu, c'est l'usage d'écrire ces œuvres dans la langue du roi quand on voulait qu'elles eussent du succès. Voilà pourquoi, dès le XIIe siècle, Garnier de Pont-Sainte-Maxence écrit :

« Mes languages est buens, car en France sui nez. » (France = Ile-de-France.)

Tandis qu'à la fin du XIIe, Jean de Meun, l'auteur de la seconde partie du *Roman de la Rose,* s'excuse en ces termes :

« Si m'excuse de mon langage
Rude, malostru et sauvage,
Car nés ne suis pas de Paris... »

Au XVIe, l'affirmation de l'autorité royale va de pair avec la fierté d'écrire en français contre les tenants du latin ou des langues étrangères (cf. *La Défense et Illustration de la Langue Française,* signée par du Bellay mais rédigée avec Ronsard et d'autres écrivains en 1550). Dès lors on suit sans peine une pente : celle qui mène à choisir un usage senti comme meilleur que les autres.

L'affaire n'était pas simple. Ce n'est qu'au XVIIe qu'on dégage une notion de la NORME sinon objective, au sens scientifique du terme, du moins pratique. Formulée par le grammairien Vaugelas, elle s'appelle le **BON USAGE** et se définit comme :

« ... la façon de parler de la plus saine partie de la cour, conformément à la façon d'écrire de la plus saine partie des Auteurs du temps ».

A première lecture, on note l'importance de l'écrit, le culte des grands auteurs, le choix d'une élite socio-culturelle... mais ne jugeons pas trop vite ce texte célèbre. Vaugelas n'impose pas une norme, il définit un usage. Et si les Corneille, Pascal, Molière, Racine, Bossuet, La Fontaine... donnent un éclat particulier à l'expression la plus saine partie des Auteurs du temps, il faut souligner qu'au début, loin de voir les grammairiens prendre leurs modèles chez les auteurs, on voit ces derniers interroger les grammairiens.

Par la suite on commit l'erreur de croire que le secret des secrets consistait en la soumission aux règles, que cette littérature prodigieuse, que cette langue extraordinaire dépendaient de recettes apprises et appliquées. Dès lors, la remarque de Vaugelas délimitant un usage variable et arbitraire, se trouva érigée en dogme intouchable : le français devint le français des grands écrivains du XVIIe, l'immuable modèle auquel il convenait de revenir pour bien écrire.

Bien entendu, et fort heureusement, cela n'empêcha pas le français de continuer à vivre et à se modifier au lent fil des ans et des générations. Mais comme maintenant il y avait un modèle, il y eut des comparaisons et c'est depuis cette époque que le français *décade* pour parler comme dans *Astérix.*

Une autre erreur serait de croire que la règle des règles est qu'il ne doit pas y avoir de règles, que tous peuvent tout dire n'importe comment. L'attitude efficace consiste à se ranger de ces deux écueils non pas dans une sorte de neutralité moyenne mais dans un dépassement du conflit. La notion de NIVEAUX DE LANGUE peut y aider.

2.3. LES NIVEAUX DE LANGUE

Le français n'est pas uniquement un français qualifié d'éternel, de pur, d'expression parfaite des moindres nuances de l'esprit humain. C'est la langue utilisée AUJOURD'HUI pour parler, écrire, demander une livre de beurre, murmurer « je t'aime », remplir une feuille de Sécurité Sociale ou rédiger un traité de physique nucléaire.

Cette vision totale du français d'aujourd'hui amène à distinguer plusieurs *niveaux*, sans qu'on les ait encore réellement décrits tous :

— la langue commune (orale/écrite)
— la langue soutenue (orale/écrite)
— les éléments sentis comme vulgaires, obscènes...
— les pratiques régionales du français
— les vocabulaires techniques
— les états de langues anciens réutilisés comme archaïsmes
— etc...

Il ne s'agit pas de chercher une classification parfaite et indiscutable. Il s'agit de prendre conscience d'un fait et d'y mettre un minimum d'ordre. Aucun de ces niveaux n'est à rejeter a priori, tous à des titres divers forment notre langue. A partir de là, deux remarques peuvent être faites.

PREMIÈRE REMARQUE : NIVEAUX DE LANGUE ET SOCIÉTÉ.

Il est clair que l'organisation actuelle de la société française préside à l'organisation de la plupart de ces niveaux. Il est tout aussi clair que toute modification dans la configuration et le rôle des diverses classes sociales entraînerait une modification de ces niveaux. Mais qui peut préjuger de la nature de cette modification ? Seul l'usage futur apporterait une réponse.

DEUXIÈME REMARQUE : LES SITUATIONS DE COMMUNICATION.

Ces niveaux, bien que saisis dans la langue, ne lui sont pas entièrement réductibles. A leurs dimensions sociales il convient d'ajouter le rôle des situations de communication. Selon les circonstances, nous utilisons tel ou tel de ces niveaux et celui d'entre nous qui dira ici : « J'ai encore perdu mon briquet ! » s'exclamera là : « Qu'est-ce que j'ai encore foutu de ce briquet ! ». Hugo pouvait laisser un temps la plume de *La Légende des Siècles* pour écrire sur son carnet : « note due au pâtissier mois d'octobre 10.60 ». En un sens ça rassure et la leçon est à retenir.

2.4. LES FAUTES DE FRANÇAIS

L'essentiel est de discerner entre les *fautes contre le système de la langue* et les *fautes pour inadéquation du niveau à la situation de communication.*

Les premières appellent une correction qui ne peut laisser aucun choix entre les nécessités du code et les errements de la maladresse. Les secondes appellent une réflexion qui amène à choisir entre plusieurs niveaux possibles et non pas à condamner sans appel comme commun, vulgaire ou régional le tour employé.

2.5. POUR CONCLURE

Vouloir nier l'existence des divers niveaux ne mène à rien. Cette négation peut s'exprimer de deux manières : en méprisant les niveaux communs, vulgaires ou provinciaux ou en considérant le niveau soutenu comme le symbole de la classe dirigeante.

Celui qui possède véritablement sa langue est celui qui évolue à son aise aux divers niveaux de celle-ci, celui qui, quel que soit son interlocuteur, ne sera jamais pris au dépourvu. Cette capacité permet un exercice cohérent de la liberté : on ne saurait donc la négliger.

PROPOSITIONS D'EXERCICES

1 - Lisez la chronique de langage d'un journal et relevez à quelle norme elle renvoie, quels modèles elle cite, quelles grammaires elle utilise.

2 - Dans les énoncés qui suivent, étudiez les niveaux de langue et les « fautes » que vous trouverez :

a - [ɔ̃mapikemabaɲɔl] (!)
b - J'ai bien reçu votre honorée du 12 courant...
c - [tyvatiopɛimɔ̃ga] (?)
d - [ʒəmɑ̃vɛməlamɑ̃ʒesɛtolivə]
e - [nɔ̃ivøpa] (! G. 2 ans)
f - Signature de l'impétrant.
g - Reflex mono-objectif, muni d'un zoom 2,8 de 18 à 50 mm.
h - [sɛsəlɥikʒvupaʀl]

3 - Même exercice dans ce devoir d'élève (C.M.) :

Si s'était moi qui commandé, je ne m'étré pas quatre saison il y en aurai que deux. l'autonme et hiver ensemble et printemps et l'été ensemble. comme ça l'hiver il y aurait de la neige beaucoup plus longtemps, et les nuits seraient longue, longue.

4 - Voici un extrait d'un livre d'exercices en usage. Commentez le travail demandé aux points de vue normatifs :

Je barre le nom de celui qui doit obéir (Sic !)

le général	le soldat	la maman	le bébé
le maître	l'écolier	le berger	le mouton
le roi	le pauvre	la servante	la dame
l'ouvrier	le patron	la petite fille	la poupée

☐ *Voir en fin de volume les commentaires des exercices proposés.*

LECTURE DU COURS DE LINGUISTIQUE GÉNÉRALE

3. le langage, la langue, la parole

Parmi les principales tendances qui gouvernent la grammaire au XIXe nous pouvons retenir :

— la tendance *normative* (cf. 2.1) ;

— la *grammaire comparée,* grammaire scientifique qui, en rapprochant certaines langues, cherche à établir leurs liens de parenté. Il ne s'agit pas ici de spéculation sur l'origine du langage (comme on en développait encore au XVIIIe) mais d'un travail rigoureux, cherchant à remonter aux origines accessibles de la famille des langues dites indo-européennes.

On mesure sans peine :

— le poids des usages particuliers, des styles et des tournures qu'ils s'autorisent, dans la première tendance (cf. le nombre des exemples d'un ouvrage aussi riche que M. Grevisse : *Le Bon Usage,* Gembloux, Duculot, 1 192 p.) ;

— le poids de l'histoire dans la seconde démarche.

La linguistique structurale, telle que Ferdinand de Saussure la fonde, cherchera le général au lieu du particulier, et opposera l'étude d'un état de langue temporellement délimité à l'étude de ses transformations.

Cette manière de procéder n'efface pas les précédentes : dans son domaine la grammaire normative est justifiée et la grammaire comparée reste la véritable spécialité de Saussure puisque son premier ouvrage est une étude sur le système primitif des voyelles dans les langues indo-européennes. La nouveauté profonde est que, désormais, l'étude de la langue précise l'objet exact de son travail : *telle langue, en tel lieu, à tel moment, prise en elle-même, pour elle-même.*

Le *Cours de Linguistique Générale* (désormais C.L.G.) n'a pas été écrit par Saussure lui-même. Il résulte d'une mise en ordre de notes prises à ses cours par d'anciens étudiants. Les études critiques montrent combien il est difficile de rendre à Saussure ce qui lui appartient réellement : lui-même a souvent laissé sur telle ou telle question des notes et projets très différents.

Pour toutes ces raisons, il convient de lire le C.L.G. dans l'édition critique préparée par Tullio de Mauro, Paris, Payot, 1973, XVIII-510 p. C'est cette édition que nous suivrons dans nos références.

3.1. LE LANGAGE ET LA LANGUE (C.L.G. p. 23 et sv.)

« La *langue* est un ensemble de conventions nécessaires adoptées par le corps social pour permettre l'exercice de la faculté du *langage* chez les individus » (C.L.G., p. 419, note 63 ; voir aussi p. 25). On voit tout de suite que cette faculté suppose un support *psychologique* et *physiologique* pour chaque individu ainsi qu'un milieu *social* où elle pourra se développer. C'est dans tous ces domaines que peuvent apparaître des obstacles : déficiences ou infirmités qui oblitèrent la faculté elle-même, absence de rapports sociaux qui, même si elle existe, l'empêche de se développer. L'enfant sourd ou l'enfant sauvage peuvent posséder la faculté de langage en puissance, ils n'apprendront pas une langue puisqu'ils sont coupés des contacts nécessaires, le premier par le silence, le second par la solitude.

3.2. LA COMMUNICATION

3.2.1. Premier point de vue, absolument faux

A première vue, la communication semble supposer : une personne qui parle (l'émetteur), une personne qui écoute (le récepteur), les mots échangés, et les choses, idées... qu'ils signifient, choses et idées auxquelles pensent ceux qui communiquent. Tout cela correspondant à un schéma comme celui-ci :

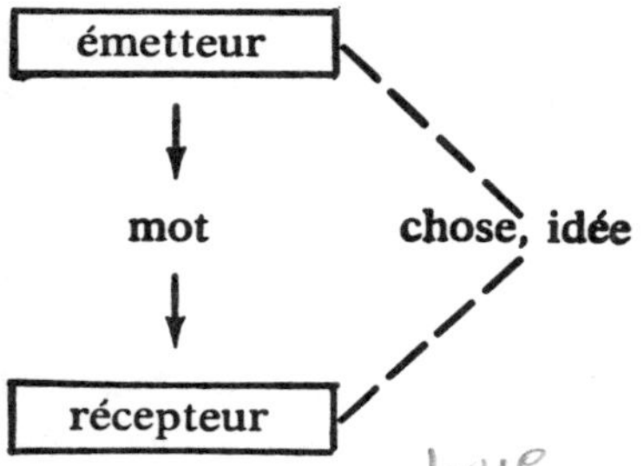

En fait, ce schéma ne traduit pas les véritables données de la communication.

3.2.2. Le schéma de la communication d'après le C.L.G. (p. 28)

Le C.L.G. nous propose un schéma qu'on peut reproduire ainsi

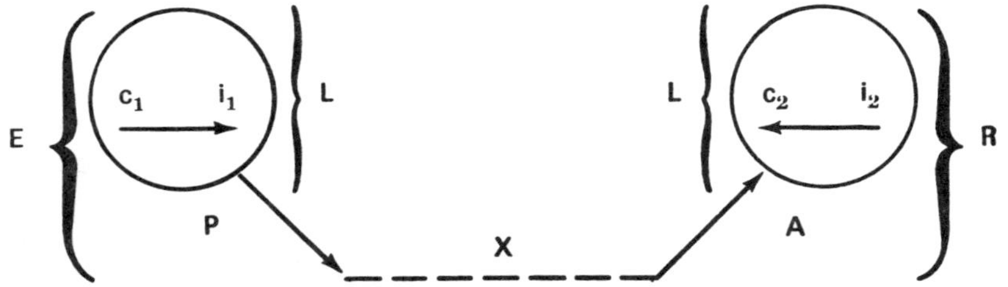

Ce qui se lit :

— dans une langue donnée...

— l'ÉMETTEUR (E) envisage le CONCEPT (c_1) qui correspond à ce dont il veut parler tout en associant à ce concept l'IMAGE MENTALE (i_1) de la prononciation du mot qui représente le concept dans la langue considérée ;

— il prononce ce mot (P) ;

— lequel mot traverse la distance (X) qui le sépare du RÉCEPTEUR (R)...

— est entendu par le récepteur (A)...

— est interprété comme une *image acoustique* (i_2) associée au *concept* (c_2) qu'elle concerne.

Si $c_1 = c_2$ la communication a été bonne.

Vous voyez que l'acte de communication est décomposé en trois parties :

— en X, une partie PHYSIQUE qui concerne le transport de l'information (lois acoustiques, transmissions...) ;

— en P et en A, la *Phonation* et l'*Audition,* une partie PSYCHO-PHYSIOLOGIQUE (articulation, troubles de l'audition...) ;

— et enfin en L une partie purement PSYCHIQUE qui concerne l'ALLIANCE D'UN CONCEPT ET D'UNE IMAGE ACOUSTIQUE. C'est en cette dernière partie que se localise l'objet d'étude de la linguistique : LA LANGUE, FAIT PSYCHIQUE ET COLLECTIF (C.L.G., p. 29 et sv.).

On conçoit que pour fonctionner, la communication doive mettre en contact deux interlocuteurs qui possèdent un certain nombre de (c-i) communs. Précisons ce point.

3.3. LA LANGUE ET LA PAROLE (C.L.G. p. 30 et sv.)

Pour essayer d'approcher cette nouvelle distinction, prenons l'exemple des vocabulaires français. Vous concevez sans peine que chacun d'entre nous possède une part plus ou moins grande du lexique du français : le vocabulaire de Paul n'a pas la même étendue que celui de Jean et ne recouvre pas nécessairement les mêmes domaines. Aucun d'entre eux (ni de nous) ne peut prétendre connaître tout le lexique du français.

La distinction *langue-parole* est ici approchée par la distinction lexique-vocabulaire.

« Si nous pouvions embrasser la somme des images verbales emmagasinées chez tous les individus, nous toucherions le lien social qui constitue la langue... (elle) n'est complète dans aucun, elle n'existe parfaitement que dans la masse. » (C.L.G., p. 30.)

L'acte qui consiste à puiser dans ce « trésor » collectif, l'acte qui consiste à utiliser la LANGUE s'appelle la PAROLE.

La *langue* est de l'ordre du psychique, du collectif, du général. La *parole* est de l'ordre du psycho-physiologique, de l'individuel, du particulier (C.L.G., p. 30, p. 37).

Pour le C.L.G., l'étude de la langue est l'essentiel. L'étude de la parole n'est que secondaire. Dans la grammaire traditionnelle, l'ordre se trouvait souvent inversé (ex. étude du style ou de la manière d'utiliser la langue mise en œuvre par les grands écrivains).

Bien entendu, la langue et la parole ne possèdent pas des organisations indépendantes et nous ne connaissons jamais la langue qu'à travers la parole qui est la manifestation *sensible* d'un ensemble purement psychique. Toutes les études sur la langue sont donc des études sur des faits de parole. Le problème consiste à assembler suffisamment de faits et à les étudier en écartant les éléments qui ne tiennent qu'à la parole pour conserver ceux qui tiennent à la langue (voir le chapitre 13).

3.4. LA COMMUNICATION D'APRÈS R. JAKOBSON

Puisque nous venons de parler des faits de la communication, nous poussons un peu plus avant pour vous proposer tout de suite le schéma qu'on peut élaborer à partir de l'analyse faite par Roman Jakobson dans son livre : *Eléments de Linguistique Générale* (R. Jakobson, 1963, p. 214).

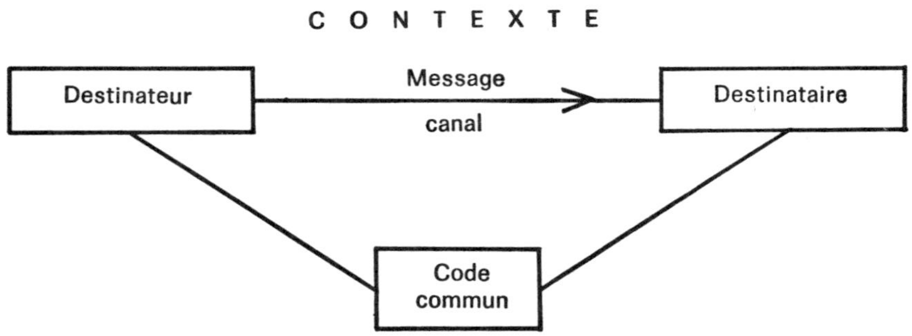

Vous voyez que la distinction *message/code* recouvre à peu près *parole/langue.* Mais vous remarquez surtout que Jakobson introduit dans son analyse des faits qui n'ont pas à apparaître dans le schéma du C.L.G. et qui importent beaucoup dans tout acte de communication : le *canal* (le support physique qui permet l'expression et le transport des signes) et le *contexte* (la situation, l'environnement complet de la communication ainsi que le contexte discursif concernant tous les aspects de ce qui a été, est ou sera dit).

Nous ne saurions trop vous recommander d'avoir ce schéma présent à l'esprit pour examiner les actes de communication. Ainsi quand on parle à un enfant et qu'il ne comprend pas, de quelle nature est son incompréhension :

— ne comprend-il pas le *message ?*

— le *code* est-il commun ?

— le *contexte* défavorable ?

— l'enfant a-t-il compris qu'il était *destinataire ?*

Nous omettons trop souvent ces analyses pour attribuer les échecs de la communication aux distractions de l'interlocuteur ou à ses refus délibérés. C'est ne retenir qu'un petit aspect des problèmes.

Pour une étude plus complète de ce schéma : tome 2, 10.3.4.

3.5. LES PROBLÈMES DE L'ACQUISITION DU LANGAGE

Nous avons vu que l'acquisition du langage supposait l'existence d'une faculté éveillée par les contacts avec le groupe social où grandit l'enfant.

Pour ce qui est de la faculté, les discussions sont nombreuses. Le linguiste américain Noam Chomsky postule l'existence d'un DISPOSITIF D'ACQUISITION DU LANGAGE (L.A.D. = *Language Acquisition Device*) fournissant la base INNÉE, spécifique de l'espèce humaine, à partir de laquelle les divers environnements linguistiques des diverses langues permettront à l'enfant d'actualiser ces potentialités. Cela explique, et le substrat commun des diverses langues, et leur diversité aussi. Il importe, bien entendu, de ne pas confondre le *L.A.D.* avec le langage lui-même : *ce n'est le langage qu'en puissance*, l'acquisition permettant à cette puissance de devenir acte, à ce potentiel de se réaliser plus ou moins complètement.

Le *L.A.D.* comporte la capacité pour l'enfant d'analyser le langage qu'il recevra des adultes. Bien entendu, il ne faut pas imaginer que cette analyse consiste en une réflexion sur la langue semblable à celle que mène une grammaire. C'est une mise en œuvre INCONSCIENTE du dispositif d'acquisition.

De nombreuses objections ont été faites à cette idée. Dans son livre sur le structuralisme, Jean Piaget admet les grandes lignes de l'explication de N. Chomsky, mais il refuse la base innée. Il propose la démarche suivante : « Le langage suppose la formation préalable de l'intelligence sensori-motrice, ce qui justifie l'idée de Chomsky sur la nécessité d'un substrat apparenté au rationnel » (J. Piaget, *Le structuralisme*, Paris, P.U.F., 1968, p. 77). Le développement déploie une genèse d'apprentissage et de maturation qui introduit le langage à son heure quand il peut procéder d'une intelligence déjà élaborée. A partir de ce moment les deux évoluent en étroite corrélation.

Là où J. Piaget parle de *langage*, nous pourrions parler de *langage verbal*, mais, du même coup, l'utilisation du terme langage dans la période précédente lui apparaîtrait comme une métaphore inacceptable. C'est cependant ce que font d'autres spécialistes : « Le langage existe avant même la naissance de la parole. Je veux dire que c'est l'échange entre mère et enfant dès la naissance, qui permet au bébé de se structurer comme personne » (Maud Mannoni, *L'enfant, « sa maladie » et les autres*, Paris, Seuil, 1967, p. 206).

L'opposition entre les thèses de Chomsky et de Piaget n'empêche pas qu'ils s'accordent pour postuler l'existence, avant le langage, d'une base apparentée au rationnel. Plus pertinentes sont les approches des structures cognitives du langage. Plus pertinente encore, semble-t-il, la postulation d'une logique identifiée à la pratique ordinaire du langage (voir 13.3.1.).

Il reste que le rôle des adultes est capital dans l'acquisition du langage par l'enfant. Le langage qu'ils apportent est indispensable et cela dès le début de la vie : « La mère parle à son enfant dès sa naissance, bien qu'il ne la « comprenne » pas, au sens courant du terme. Et il est indispensable qu'il en soit ainsi, tant au point de vue linguistique qu'au point de vue psychologique. Cette action langagière de la mère peut être qualifiée de linguistiquement pédagogique dès le stade du gazouillis » (L. Lentin, 1972, p. 51).

Ce qui est nécessaire dans les premières heures, l'est aussi dans les mois et les années qui suivent. En examinant le langage des enfants à l'école maternelle, on s'aperçoit que des écarts sensibles existent déjà. Pourquoi ces écarts ? Les différences semblent tenir aux divers statuts acquis par le langage dans les divers milieux. Dans les milieux favorisés par la fortune, la culture... le langage possède un statut qui en fait un moyen de communication très explicite, c'est-à-dire très largement séparé des situations auxquelles il réfère. C'est un langage abstrait en quelque sorte. Au contraire, les enfants qui ont des difficultés dans l'acquisition « sont le plus souvent des enfants de travailleurs, appartenant aux milieux socio-culturels où le langage ne jouit pas d'un statut intellectuel maximum, où la communication et la culture ne passent pas forcément par le langage » (L. Lentin : *Communication au Colloque International d'Audiophonologie*, Besançon, novembre 1973).

Toutes ces remarques conduisent à souligner l'importance de l'*échange verbal entre l'adulte et l'enfant*. Dans cet échange, l'adulte doit refuser de considérer les propos de l'enfant en termes de fautes par rapport au langage adulte. Les prétendues fautes correspondent en fait à des essais de l'enfant, à des tâtonnements. Ces prétendues fautes n'appellent pas une correction du type : *on dit comme ça et pas comme ça*, mais demandent qu'on fournisse de nombreux exemples de langage adulte qui permettront à l'enfant de substituer lui-même une hypothèse à une autre hypothèse. Sur les propositions de l'adulte, l'enfant fait *inconsciemment* des essais originaux, vérifie, adapte... Tout cela se ramène à un processus d'expériences et de substitutions, un feedback adapté, approprié, un apprentissage dans l'INTERACTION ENTRE L'ADULTE ET L'ENFANT.

Ce terme d'*interaction* est fondamental. Il est vraisemblable qu'autour de lui se regrouperont les problèmes et les recherches de ce que L. Lentin propose d'appeler une *linguistique de l'acquisition* (L. Lentin, 1972, p. 22). Il n'a rien à voir avec les exercices d'apprentissage ou de renforcement, appelés exercices structuraux : nous reviendrons sur ce point au paragraphe 10.2.7.

***

PROPOSITIONS D'EXERCICES

1 - Analysez aussi complètement que possible les raisons qui empêchent un enfant né sourd d'apprendre à parler.

2 - Quelles différences capitales y a-t-il entre les schémas des paragraphes 3.2.1 et 3.2.2. ?

3 - L'existence de plusieurs sons [R] en français est-il un fait de langue ou de parole ?

4 - Appliquez le schéma de la communication proposé par R. Jakobson (3.4.) aux situations suivantes :

a - Jean *parle* à Paul.
b - Jean *écrit* à Paul.
c - Une classe *écrit* une lettre à une autre classe.
d - Une classe *enregistre* une correspondance pour une autre classe.
(d est-il plus proche de b ou de a ?).

□ *Voir en fin de volume les commentaires des exercices proposés.*

4. le signe linguistique

4.1. PREMIER POINT DE VUE, ABSOLUMENT FAUX : LE SIGNE-ÉTIQUETTE

A première vue, un mot représente une « chose », une idée :

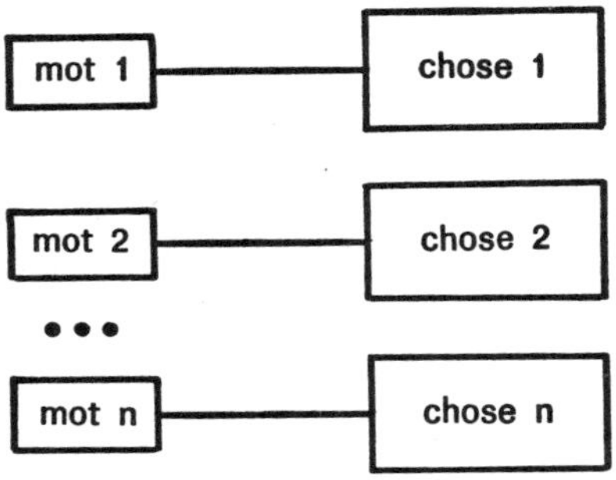

On aboutit ainsi à une sorte d'*étiquetage* de l'univers des « choses », des « idées », ce qu'on appelle l'UNIVERS EXTRA-LINGUISTIQUE.

D'une langue à l'autre, l'*univers* reste le même et les *étiquettes* changent :

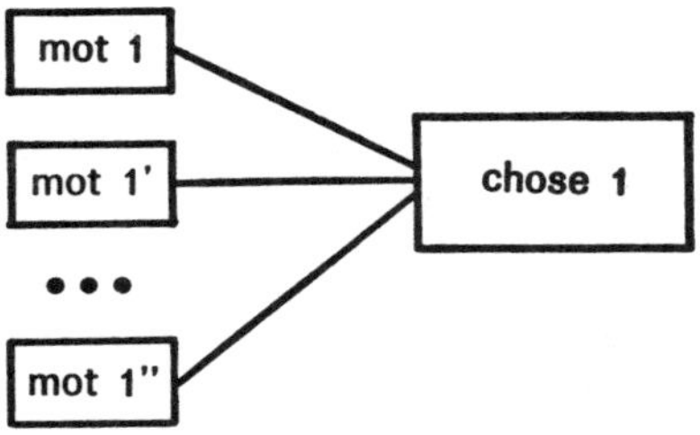

Tout cela est parfaitement faux. Quand ceux qui apprennent une langue étrangère traduisent « à coups de dictionnaire », ils tombent dans cette illusion du *signe-étiquette*. Le Français dit : *Blériot traversa la Manche en avion,* mais l'Anglais dit : *Blériot flew across the Channel* (mot à mot : *Blériot vola en avion à travers la Manche*). Les deux langues restituent de manières différentes une réalité objectivement semblable. Les mots ne sont donc pas des signes-étiquettes. Autre exemple : là où le Français dit : *roux, brun, bistre, marron, jaune, gris,* l'Anglais dit : *brown.* Nous empruntons ces deux exemples à J.-P. Vinay et J. Darbelnet, *Stylistique comparée du français et de l'anglais*, Paris, Didier, 1963, p. 105 et 261. Ceux d'entre vous qui ont un tant soit peu pratiqué l'anglais, peuvent lire ce livre avec intérêt et profit.

4.2. LE SIGNE LINGUISTIQUE D'APRÈS LE C.L.G.

4.2.1. Définitions

Il faut revenir au schéma de la communication tel que nous le propose le C.L.G.

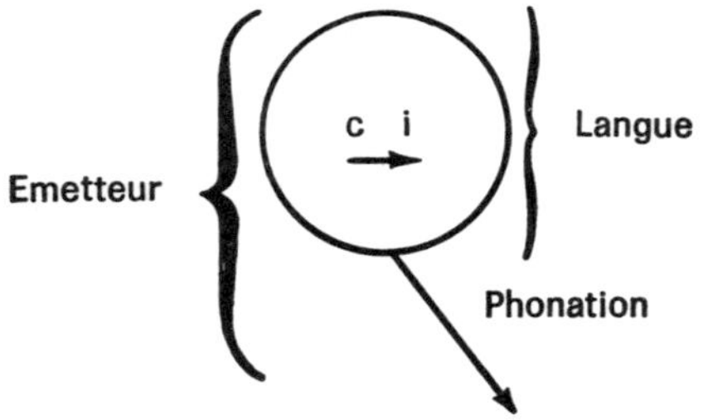

c = concept
i = image acoustique

Le SIGNE LINGUISTIQUE, délimité dans le schéma ci-dessus par le dessin

unit :

— « non une chose et un mot
— mais un concept et une image acoustique » (C.L.G., p. 98 ; c'est nous qui découpons).

C'est donc une *unité psychique* qu'il faut soigneusement distinguer de la chose et du mot au sens banal du terme : le mot qu'on entend, prononce, écrit, lit. Le mot ne représente pas la chose, ou s'il la représente ce n'est qu'au 3e degré puisqu'il est l'expression *sensible* d'un représentant (i), d'un représentant (c) de la chose. Nous sommes loin d'un simple étiquetage.

Dans la mise en place définitive de la notion de signe linguistique, le C.L.G. appelle le *concept :* SIGNIFIÉ et l'*image acoustique* du mot : SIGNIFIANT. Le signe se schématise donc ainsi (C.L.G., p. 99) :

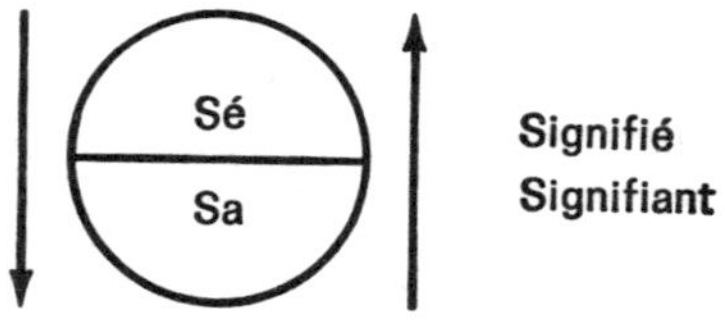

Le rôle de la voix est d'articuler ce signe en une suite de sons, l'un des rôles de l'écriture est de le transcrire en un dessin conventionnel. Mais le signe linguistique lui-même n'est ni cette suite de sons, ni ce dessin conventionnel, il n'est que L'ASSOCIATION dans notre psychisme d'un SÉ et d'un SA. C'est cette association qui le fonde en tant que signe.

Cette dernière remarque est importante. Le *sa* n'existe que s'il est associé à un *sé*. A défaut de cette association, il n'y a que l'image acoustique d'une suite de sons, mais pas un *sa*. Ainsi, en français, les suites de sons [Rut] *(route)*, et [tRu] *(trou)*, renvoient à des *sa* parce que ceux qui connaissent notre langue y associent des *sé*. Au contraire l'amalgame [uRt], bien que possible, n'est pas un *sa* puisque aucun *sé* ne peut lui être associé. Pour exprimer la nécessité de cette association du *sé* et du *sa*, le C.L.G. compare le signe linguistique à une feuille de papier, le *sé* étant le recto et le *sa* le verso. Impossible de concevoir un recto sans verso, impossible de concevoir un *sé* sans *sa*, et réciproquement (C.L.G., p. 144 et 157).

4.2.2. L'arbitraire du signe linguistique (C.L.G. p. 100-102)

Le signe linguistique n'est pas un *symbole* car le choix d'un symbole n'est pas entièrement libre. Je peux symboliser la justice par une balance et un glaive, je ne peux pas proposer le dessin d'une botte de poireaux. Je peux symboliser l'amour partagé par deux cœurs ou deux anneaux entrecroisés, un stylo-bille ne conviendrait guère. Le *signe-symbole* doit donc avoir une quelconque *analogie* avec ce qu'il représente.

Au contraire, le signe linguistique n'a pas à présenter d'analogie ou de ressemblance avec ce qu'il représente : avec cinq lettres à l'écrit *(c.o.u.r.t.)* et une syllabe de trois sons à l'oral (c-v-c : [kuR]), *court* est plus long que... *long* (quatre lettres et deux sons) !

Si les signes linguistiques représentaient l'univers extra-linguistique au sens sensible du verbe *représenter* (reproduire, visualiser, évoquer...), un arbre étant un arbre partout, il n'y aurait qu'une seule langue. C'est dans la mesure où cette représentation a le sens de : *être signe arbitraire de...* qu'un arbre peut s'appeler *arbre* en français, *tree* en anglais, *albero* en italien...

PREMIÈRE REMARQUE SUR L'ARBITRAIRE DU SIGNE (C.L.G. p. 102).

Souvent les écrivains, et particulièrement les poètes, s'efforcent d'utiliser une suite sonore de mots telle que le lecteur perçoive l'adéquation de la musicalité même de la suite de sons à l'idée exprimée. Cela peut aller jusqu'à l'harmonie imitative comme dans le célèbre vers d'*Andromaque :*

« Pour qui sont ces serpents qui sifflent sur vos têtes ? »

Ce qu'il faut comprendre, c'est que la part de ressemblance recherchée par l'écrivain entre l'idée et les sons, est l'œuvre même de l'écrivain, sa création. Elle ne préexiste pas à celle-ci et surtout elle ne préexiste pas à la langue elle-même.

SECONDE REMARQUE SUR L'ARBITRAIRE DU SIGNE (C.L.G. p. 180 et sv.).

Le *Cours* précise que des mots comme *voir* ou *grand* relèvent d'un *arbitraire absolu* mais que *revoir* ou *grandir*, formés d'unités déjà en place, relèvent d'un *arbitraire relatif*. Une objection vient à l'esprit : puisque tous les mots ont un passé, tous relèvent du second groupe. En fait, le C.L.G. souligne que l'arbitraire apparaît dans le temps. Ainsi, *inimicus* renvoie à *in-* et *amicus* mais *ennemi* ne renvoie à rien : « il est rentré dans l'arbitraire absolu » (p. 184). Au total, chaque langue équilibre à sa manière une part d'arbitraire et une part d'ordre et de régularité.

TROISIÈME REMARQUE SUR L'ARBITRAIRE DU SIGNE.

Pour le C.L.G. ce qui est arbitraire, c'est le lien qui unit le *sé* et le *sa*. Emile Benveniste a fait remarquer que le lien associatif entre le *sé* et le *sa* n'était pas arbitraire mais contraignant. Quand je parle une langue, je n'ai pas le choix de cette association. L'arbitraire se situe donc non entre le *sé* et le *sa* mais entre la chose, l'idée... représentée et le signe lui-même (E. Benveniste, 1966, p. 49 et sv.).

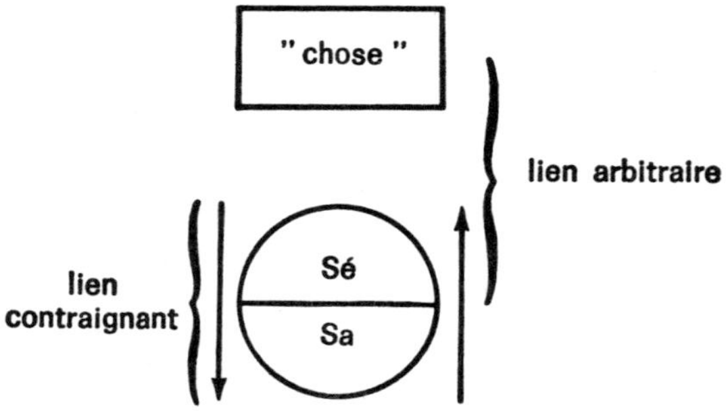

Ces discussions nous mèneraient à préciser dès maintenant les notions de signe linguistique, de valeur, de sens. Nous en prenons note pour y revenir plus tard... Vous voyez cependant, dès maintenant, qu'en se plaçant au point de vue de l'usager d'une langue et de son apprentissage, l'arbitraire du signe, à quelque niveau qu'on le situe, n'est pas une évidence. Bien au contraire, c'est partout le domaine d'une nécessité, celle de la convention adoptée par le groupe linguistique : un chat s'appelle *un chat !*

POUR FINIR SUR L'ARBITRAIRE DU SIGNE.

Dire que le signe linguistique est arbitraire, c'est donc dire qu'il n'y a aucun rapport actuel de représentation, de ressemblance ou même de symbolisation entre le mot et la « chose ».

A plus forte raison : le mot n'est pas la chose, la langue n'est pas la réalité extra-linguistique. Cela vous semble aller de soi et nous tomberons aisément d'accord sur le fait qu'il y a loin entre dire « du beaujolais » et en avoir un verre devant soi ! A défaut de se mettre d'accord sur ce point on entre dans l'univers de la magie où justement, prononcer le mot c'est faire paraître la chose. Alors, il suffit de dire : « Carrosse ! » pour qu'un carrosse resplendisse aux yeux éblouis de Cendrillon là où, l'instant précédent, reposait une paisible citrouille.

Une fois encore cela semble aller de soi... et cependant... Pourquoi y a-t-il des mots qu'on ne prononce pas ? Pourquoi ces *mots tabous* désignant des réalités sexuelles, excrémentielles, inquiétantes, la maladie, la mort... ? N'est-ce pas parce que prononcer le mot serait faire paraître la chose ?

Vous devinez que nous quittons le domaine linguistique mais cette frontière est à notre avis capitale surtout pour ceux qui auront à parler à des enfants. Pour eux plus que pour nous sans doute, les mots prendront des résonances inattendues, lointaines et peut-être impressionnantes. Une très grande prudence sera toujours de rigueur : *le signe linguistique est tout à fait arbitraire, il n'est jamais tout à fait innocent.*

4.2.3. Le caractère linéaire du SA (C.L.G. p. 103)

La langue parlée, qui est première par rapport à la langue écrite, impose au signifiant de se dérouler sur une *ligne* continue, étendue en une seule dimension : celle du temps. Nous ne pouvons pas prononcer deux sons à la fois.

Cette suite sonore continue ne nous pose pas, en général, de problèmes d'interprétation. Si une difficulté surgit nous avons toujours le recours de l'image écrite pour rétablir les blancs nécessaires, assigner à chaque mot sa place et le cas échéant interpréter le mot mal compris.

Il ne faut pas oublier que ce recours n'existe pas chez l'enfant qui ne sait pas lire ou qui lit mal. Il reçoit le message comme une suite compacte d'un silence à l'autre. Il se trouve un peu dans la situation qui a peut-être été la vôtre quand face à cette suite de signes :

[avevudyfø]

vous n'avez compris le message qu'après avoir segmenté ainsi : *avez-vous du feu ?* L'enfant aura donc besoin qu'on l'aide à pratiquer cette reconnaissance.

4.2.4. Mutabilité et immutabilité du signe linguistique (C.L.G. p. 104 et sv.)

Ce caractère du signe linguistique est, à première vue, paradoxal. En effet, on pourrait l'exprimer ainsi : le signe change et ne change pas. Le paradoxe n'en est pas moins logique et il explique qu'une langue puisse évoluer.

Si l'évolution l'exige, un *sé* peut être associé à un nouveau *sa* ou un signe linguistique entièrement nouveau peut être forgé. Mais il faut que la contrainte imposée par l'évolution soit très forte, sinon il n'y aurait aucune raison de quitter un arbitraire pour un autre arbitraire.

Quand ils jouent, les enfants adoptent parfois une sorte de code où les *sé* sont décalés par rapport aux *sa :* « On dira que le camembert, c'est du gruyère et le gruyère du camembert. Donne-moi du gruyère, s'il te plaît ! ».

Cette possibilité existe donc, mais tant qu'elle reste individuelle et non nécessaire, elle n'a aucune chance de s'imposer dans la langue. En revanche, il a suffi d'une soirée d'élection pour que le terme *fourchette* au sens de : écart dans une prévision statistique (M. Z... aura entre 19 et 23 % des voix), passe du vocabulaire des statisticiens à celui du grand public.

4.3. LA VALEUR LINGUISTIQUE

4.3.1. La valeur dans le signifié (C.L.G. p. 158 et sv.)

L'anglais dispose de deux termes *mutton* (viande de mouton) et *sheep* (l'animal), là où le français n'use que du seul *mouton*. L'anglais utilise donc un système comportant deux unités et le français un système ne comportant qu'une seule unité.

anglais	*mutton*	*sheep*
français	*mouton*	

Vous comprenez que la signification du mot anglais *mutton* ne dépend pas seulement du lien, disons vertical, qui l'attache à la réalité extra-linguistique, mais aussi des rapports, horizontaux ici, qu'il entretient avec le mot *sheep*. La signification de *mutton* dépend donc de l'existence de *sheep*, et inversement. Si l'un de ces mots disparaissait, la case qu'il occupe ne resterait pas vide mais serait comblée par le mot voisin.

On aperçoit donc que la signification d'un signe linguistique ne dépend pas exclusivement du lien arbitraire qui l'unit à la réalité extra-linguistique, elle naît de l'ensemble des signes qui viennent s'OPPOSER à celui qu'on utilise. Ce second point correspond à ce qu'on appelle LA VALEUR CONSIDÉRÉE DANS LE SÉ. Si nous reprenons notre premier exemple, emprunté au C.L.G. : *mouton* et *sheep* n'ont pas la même valeur parce qu'à côté de *sheep* existe *mutton*.

Aucun signe linguistique ne peut être défini *en lui-même* par le seul lien qui l'unirait à la réalité extra-linguistique. Il faut, en plus, tenir compte des valeurs qu'il tire de sa place dans un *ensemble* de signes : « Nous surprenons donc au lieu d'*idées* données d'avance, des *valeurs* émanant du système » (C.L.G., p. 162).

4.3.2. La valeur considérée dans le SA (C.L.G. p. 163 et sv.)

Voici deux phrases :

1. J'ai fait un feu.
2. J'ai fait un vœu.

Les deux noms se prononcent [fø] et [vø]. Ce qui importe pour le premier, ce n'est pas le fait en soi qu'il commence par le son [f], ni pour le second le fait en soi qu'il commence par le son [v]. Ce qui importe c'est que le [f] et le [v], en s'opposant, c'est-à-dire en se distinguant, permettent de reconnaître les deux mots. Ici encore, *les unités constitutives fonctionnent et se définissent en s'opposant à l'intérieur d'un système.*

Il nous reste à regrouper ces deux dernières analyses :

4.4. LA LANGUE EST UN SYSTÈME (C.L.G. p. 166 et sv.)

Aussi bien pour le *sé* que pour le *sa*, nous n'avons pas pu saisir d'unités positives définies en elles-mêmes. Toutes sont définies par rapport aux autres éléments du système considéré. D'où cette phrase du C.L.G. (p. 166) :

« DANS LA LANGUE, IL N'Y A QUE DES DIFFÉRENCES. »

Le seul fait positif dans cet univers de différences résulte de l'association d'un *sé* (des *différences* conceptuelles) et d'un *sa* (des *différences* sonores). Le seul fait positif est donc le signe linguistique constitué, mais ce fait n'est pas positif en soi, il n'est que le résidu de toutes les différences mises en jeu (C.L.G., p. 168) :

« CE QUI DISTINGUE LE SIGNE, VOILA TOUT CE QUI LE CONSTITUE. »

LA LANGUE EST DONC UN SYSTÈME ; autrement dit : un ensemble d'éléments tel que chaque élément est défini par les relations qu'il entretient avec les autres éléments et l'ensemble du système. Dans un tel ensemble, toute modification de l'un quelconque des éléments modifie l'équilibre général du système.

Pour signifier la même chose on dira plus tard : *la langue est une structure.* Ce mot a fait fortune, souvent au détriment de sa signification linguistique. Il convient donc de toujours l'utiliser dans un contexte précis et éclairant.

4.4.1. Comment fonctionne ce système ? (C.L.G. p. 176 et sv.)

C'est une sorte de problème de mots croisés :

HORIZONTALEMENT.

Comparons les différents assemblages :

P1 - Paul est heureux.
P2 - Est heureux Paul.
P3 - Heureux Paul est.

Toute personne connaissant le français reconnaît P1 comme une phrase française et classe P2 et P3 comme des phrases non-françaises. Ce sont pourtant les mêmes unités, seul l'ordre est modifié. Celui de P1 correspond à la suite :

Sujet - verbe être - attribut

suite grammaticale en français.

A ces rapports qui s'inscrivent sur un *axe horizontal fictif* parallèle à la ligne d'écriture (ou à la chaîne parlée), viennent s'ajouter les liens sujet-verbe, sujet-attribut avec leurs conséquences diverses... Tout cela pour comprendre pourquoi telle unité se trouve ainsi écrite après telle autre et avant telle autre, et non pas ailleurs, et non pas autrement. L'axe envisagé est celui des RAPPORTS SYNTAGMATIQUES (pensez à *syntaxe*).

VERTICALEMENT.

Reprenons notre phrase P1 et imaginons tous les éléments qui peuvent être échangés avec ceux que nous avions choisis :

Paul	est	heureux
Jacques	semble	satisfait
Il	paraît	triste
...	...	...

Vous voyez que se dessine pour chaque unité un *axe* (toujours *fictif* bien sûr) *perpendiculaire* au précédent : l'axe des RAPPORTS PARADIGMATIQUES.

LE FONCTIONNEMENT DE L'ENSEMBLE.

Ce fonctionnement est instantané et simultané. Dans l'acte de parole les deux axes de la langue déploient pour nous la double perspective des rapports syntagmatiques et paradigmatiques. Nous nous trouvons devant un système qui offre toutes les oppositions nécessaires.

4.4.2. Permutations, substitutions, et commutations

Nous mettons tout de suite en place un vocabulaire qui nous servira par la suite.

Sur l'*axe syntagmatique*, les rapports sont des combinaisons et la modification d'une combinaison s'appelle une PERMUTATION :

Je viendrai demain.
Demain, je viendrai.

Sur l'*axe paradigmatique*, le remplacement de l'unité de la phrase par l'une des unités du paradigme s'appelle une SUBSTITUTION ou une COMMUTATION :

Je viendrai demain.
plus tard.
ce soir.
etc.

4.5. « LA LANGUE EST UNE FORME » (C.L.G. p. 169)

Vous vous souvenez de notre point de départ : la langue conçue comme un étiquetage de la réalité extra-linguistique. Vous voyez maintenant

— que cette réalité n'est pas organisée en amont de la langue ;

— que c'est précisément le rôle de la langue que d'organiser cette réalité.

Reprenons l'exemple du C.L.G. que nous avons déjà utilisé :

Français	*mouton*	
Anglais	*mutton*	*sheep*
Réalité extra-linguistique	?	

Qu'écrire ou que dessiner dans la 3ᵉ case ? Rien qui puisse correspondre aux deux langues à la fois. Les langues ne sont donc pas un décalque du réel extra-linguistique, mais *une manière d'ordonner et d'organiser ce réel.* Et cette manière est propre à chaque langue.

Une définition du C.L.G. permet de résumer tout cela :

« LA LANGUE EST UNE FORME ET NON UNE SUBSTANCE » (p. 169).

De même que l'eau prend la forme des contenants divers dans lesquels on la verse, la réalité extra-linguistique (la *substance*) prend la *forme* des langues diverses. Cette comparaison n'épuise pas la totalité du sens du mot *forme* chez Saussure, et de loin, mais elle permet une approche acceptable.

4.6. L'ANALYSE DE HJELMSLEV

Le linguiste danois L. Hjelmslev a repris la distinction saussurienne *forme/substance* pour la développer. Notre propos n'est pas ici d'introduire toute la pensée linguistique de l'importante école de Copenhague, ni même d'oser un résumé des théories de L. Hjelmslev. Beaucoup plus simplement, sur un point précis, comme nous l'avons déjà fait avec R. Jakobson, nous tentons une « percée » pour faire un rapprochement avec ce que nous avons déjà rencontré.

Hjelmslev part donc de la distinction saussurienne : la *forme* y correspond à la *structure* de la langue et la *substance* à la *réalité extra-linguistique non structurée.* A ce point, le linguiste danois fait remarquer que le signe linguistique est concerné par *deux sortes de substance :*

— au niveau du *sé,* il s'agit de la *substance de la réalité extra-linguistique* qui sera exprimée par la langue ;

— au niveau du *sa,* il s'agit de la *substance de la masse sonore* qui permettra d'exprimer la langue.

Dans les deux cas, la langue *structure* une *substance* en une *forme* :
— au niveau du *sé,* elle organise les significations et les valeurs ;
— au niveau du *sa,* elle assure la mise en place du système des sons nécessaires à l'expression de la langue.

On mesure donc que cette analyse, loin de contredire l'analyse de Saussure, en est plutôt un commentaire précis.

A la simple distinction *forme/substance,* Hjelmslev (1) substitue :
— une distinction *contenu* (le côté du *sé*)/*expression* (le côté du *sa*) ;
— elle-même subdivisée en *forme/substance.*

Au total, quatre niveaux :

1 - La SUBSTANCE DU CONTENU. Entendez : la réalité extra-linguistique non encore structurée par la langue.

la langue :

2 - La FORME DU CONTENU : à peu près le *sé* de Saussure, la substance du contenu structurée comme forme.

3 - La FORME DE L'EXPRESSION : à peu près le *sa* de Saussure, la substance de l'expression structurée comme forme.

4 - La SUBSTANCE DE L'EXPRESSION. Entendez : la masse des sons articulables non encore structurée par la langue.

L'exemple toujours pris pour bien faire comprendre ces niveaux est celui du vocabulaire des couleurs du spectre solaire :

1 - La SUBSTANCE DU CONTENU : l'arc-en-ciel visible dans le ciel.

Les langues :

2 - La FORME DU CONTENU : le découpage instauré dans la substance du contenu par la langue considérée (sept parties en français : violet, indigo, bleu, vert, jaune, orangé, rouge, mais moins ou plus dans telle ou telle autre langue).

3 - La FORME DE L'EXPRESSION : les sept (ou plus ou moins) *sa.*

4 - La SUBSTANCE DE L'EXPRESSION : la masse sonore articulable.

---

(1) L. HJELMSLEV. — *Prolégomènes à une théorie du langage,* tr. par U. Canger et A. Wewer, suivi de *La structure fondamentale du langage,* tr. par A.-M. Léonard, Paris, Ed. de Minuit, 1966, 236 p. (Cf. : chapitre 13, pp. 65 et 79).

4.7. CONCLUSIONS

PREMIER POINT : L'HOMME, LE LANGAGE, LE RÉEL.

La distinction entre forme et substance, si elle est poussée à l'extrême, sépare complètement la langue et le monde, et soumet complètement le monde à la langue. La position est discutable.

Certes, il ne s'agit pas de revenir à un étiquetage du réel : le monde ne façonne pas la langue et le signe est bien arbitraire. Mais la langue ne façonne pas n'importe comment, n'importe quel monde. Par le langage, réalisé dans les langues naturelles, l'homme nomme et s'approprie un monde humain (R. Eluerd, 1985, p. 128-130).

SECOND POINT : LANGAGE ET SOCIÉTÉ.

Les définitions proposées par le COURS DE LINGUISTIQUE GÉNÉRALE soulignent directement ou indirectement que les langues sont des conventions, que le langage est un phénomène social. Ce point est essentiel pour saisir l'importance et la portée des analyses du COURS.

A poursuivre dans cette direction, vous concevez qu'on puisse faire de la langue une contrainte sociale qui s'impose purement et simplement à l'individu. Tel ou tel passage du C.L.G. peut être lu ainsi :

– « La langue n'est pas une fonction du sujet parlant, elle est le produit que l'individu enregistre passivement » (p. 30).

– « Elle est la partie sociale du langage, extérieure à l'individu qui, à lui seul, ne peut ni la créer, ni la modifier » (p. 31).

Mais en d'autres passages, les notes et les reprises indiquent que Saussure hésitait. La grande variété des phrases, par exemple, l'inclinait à les considérer comme des faits de parole, lieu de la volonté libre du sujet parlant. Mais, qu'en dépit de cette diversité, elles obéissent à des organisations apparemment identiques dans leurs grandes lignes, le ramenait à les classer comme des faits de langue (cf. note 251, p. 468 entre autres).

Tous ces problèmes, très importants pour ce qui relève de l'acquisition et du fonctionnement du langage, sont aujourd'hui au centre des recherches et des débats. Ils sont repris et développés dans le tome 2, particulièrement dans le chapitre 6 consacré aux registres de langue et à la présentation de la socio-linguistique.

*
**

PROPOSITIONS D'EXERCICES

1 - Les onomatopées sont-elles à votre avis des signes arbitraires ou non ? Si oui, de quelle nature est cet arbitraire ?

2 - Jean Cocteau disait de Marlène Dietrich : « Son nom commence comme une caresse et s'achève comme un coup de fouet. » Une telle remarque vous paraît-elle compatible avec la notion d'arbitraire du signe ?

3 - Analysez le fait que la plupart des gens pensent que *compendieusement* signifie longuement, complètement.

4 - La distinction signifiant-signifié suffit-elle pour analyser des séries comme :

  a - *chaussure, soulier, godasse, godillot.*
  b - *main, menotte, paluche.*
  c - *livre, bouquin.*
  d - *aller travailler, aller au boulot, aller turbiner, aller au taf, aller au chagrin.*

5 - En utilisant la distinction signifiant-signifié, définissez l'homonymie et la synonymie.

6 - Explorez les possibilités de permutations et de substitutions dans la phrase :

« TOUS LES SOIRS, JE REGARDE LA TÉLÉ DANS LE SALON. »

□ *Voir en fin de volume les commentaires des exercices proposés.*

5. la synchronie et la diachronie

5.1. LA LINGUISTIQUE HISTORIQUE

Au XIXe siècle, la perspective des linguistes était presque entièrement historique. On cherchait à recomposer l'évolution d'une langue en étudiant l'évolution de chacun de ses éléments. Les rapprochements de témoignages d'époques différentes permettaient de reconstituer une sorte de fil directeur racontant l'histoire de telle ou telle partie de la langue : étymologie et évolution d'un mot, transformation d'un son, évolution d'une règle morpho-syntaxique...

evidence ←

5.2. LE POINT DE VUE DU C.L.G. (p. 114 et sv.)

Le C.L.G. distingue une LINGUISTIQUE STATIQUE et une LINGUISTIQUE ÉVOLUTIVE.

5.2.1. La synchronie

Le rôle de la linguistique dite *statique* est d'étudier un moment précis d'une langue sans faire référence aux états antérieurs. En effet, la connaissance de ces états n'est pas indispensable à qui veut utiliser cette langue : la majorité des Français parlent leur langue sans connaître le français classique, le moyen français, l'ancien français le roman,... le latin.

La langue est un système. Cette définition implique que tout ce qui est nécessaire au fonctionnement et à la compréhension d'une langue donnée à un moment donné doit et peut être recherché dans l'analyse du seul système considéré au moment donné. C'est dans ces conditions qu'on parle d'ÉTATS DE LANGUE.

La LINGUISTIQUE SYNCHRONIQUE *est la linguistique des états de langue.*

5.2.2. La diachronie

La linguistique dite *évolutive* s'intéresse, comme le faisait la linguistique historique, aux transformations de la langue mais la démarche n'est plus la même. Elle compare des systèmes d'abord définis en synchronie puis rapprochés pour une étude diachronique :

Etat 1 — Etat 2 — Etat 3 ...

Dès lors, le temps n'est plus la cause des transformations relevées, mais le cadre où elles se déroulent. La cause réelle est à chercher dans la modification d'un des éléments de ce système de départ : (Etat 1) elle entraîne le rééquilibrage de l'ensemble pour aboutir au système d'arrivée (Etat 2) ; etc.

La LINGUISTIQUE DIACHRONIQUE *est donc la linguistique des altérations des états de langue.*

5.3. REMARQUES

Bien entendu, une langue ne s'arrête pas pour se fixer en un état. Elle évolue sans cesse et se trouve toujours en situation de rééquilibrage de sa structure :

language evolves!

« En pratique, un état de langue n'est pas un point, mais un espace de temps plus ou moins long pendant lequel la somme des modifications survenues est minime » (C.L.G., p. 142).

On peut tenir ces modifications pour négligeables et étudier l'état de langue ainsi cerné. Mais, même avec ces précautions la notion d'état de langue reste discutée. Il faut cependant reconnaître la fécondité méthodologique de cette démarche.

Nombre de travaux, depuis un demi-siècle, en témoignent. Cela ne signifie pas qu'on connaisse bien tous les problèmes des changements linguistiques. En particulier, sont-ils, comme le dit le C.L.G., du domaine de la *parole* (p. 138), ou peuvent-ils être traités dans la *langue* elle-même ? Ces questions se retrouvent dans les problèmes de l'acquisition.

5.4. SYNCHRONIE ET DIACHRONIE DANS L'ACQUISITION DU LANGAGE

Il y a bien des différences entre l'évolution d'une langue constituée (par exemple, du français classique au français moderne) et l'évolution du langage d'un enfant. Dans le premier cas, les variations concernent au premier chef le vocabulaire et dans une bien plus faible mesure la morpho-syntaxe ; dans le second cas, les trois éléments sont concernés et il y a même une inversion des importances respectives. Dans le premier cas, les états de langue anciens font toujours partie du système général de la langue : ils peuvent être réutilisés par effet de style, ils peuvent être étudiés et appris ; dans le second cas, les états passés n'appartiendront plus au langage de l'enfant devenu adulte et il ne pourra pas les retrouver. Dans le premier cas, l'évolution concerne tous les utilisateurs de la langue, dans le second elle concerne d'abord celui qui acquiert sa langue. Etc.

Ces remarques conduisent à s'interroger sur ce que peut représenter la notion d'état de langue dans le processus d'acquisition du langage. On voit tout de suite que l'expression ne doit pas être utilisée comme en grammaire synchronique. S'agit-il d'un système atteint ? Puisque l'enfant parle, il faut bien qu'il y ait un système. Ce système est-il un système complet susceptible de recevoir une description ?

Comment pourrait-il en être ainsi ? L'acquisition n'a rien d'un processus homogène : sur tel point, l'enfant sera en progrès, sur tel autre en régression et nombre de prétendues fautes sont en fait des essais pour apprendre les formes convenables. Les fluctuations se déroulent parfois en quelques heures. On ne peut donc prétendre effectuer des coupes synchroniques dans un langage en continuelle évolution.

On ne peut pas plus prétendre lui appliquer des investigations en forme de *test :* situations artificielles et contraignantes, mesures de réponses étalonnées suivant des stimulus standardisés. L'acquisition n'est pas une trajectoire rectiligne et prévisible sur laquelle il serait possible d'effectuer des contrôles, de prélever des échantillons.

Au total, l'étude du langage d'un enfant ne peut se satisfaire ni de l'impossible saisie d'un état de langue, ni des résultats discutables d'un test. C'est que : « L'étude du langage d'un enfant n'est pas l'étude d'une langue qu'il parlerait, mais celle d'un fonctionnement d'acquisition (...). Ce fonctionnement relevant à la fois du milieu dans lequel vit l'enfant et de son activité propre ne peut être appréhendé que dans le cadre d'une étude longitudinale suffisamment longue... » (J. Hébrard, *Problèmes posés par l'investigation du langage en voie d'acquisition,* in *Langue française,* n° 27, Paris, Larousse, septembre 1975, p. 90-91).

⁂

PROPOSITIONS D'EXERCICES

1 - Les travaux, dont les titres suivent, appartiennent-ils à une linguistique statique ou évolutive ?

a - Le mot *démocratie* sous la IIe République.
b - *Patriote* avant, pendant et après la Révolution.
c - L'usage du subjonctif imparfait en français moderne.
d - L'apparition et l'extension du vocabulaire de l'environnement.

2 - Prenez n'importe quel article de journal et essayez de trouver tous les mots qui ont moins de 10 ans.

3 - Ouvrez au hasard un roman du XIXe ou du début du XXe et essayez de relever tous les mots qui ont disparu ou changé de sens.

□ *Voir en fin de volume les commentaires des exercices proposés.*

L'ANALYSE DES ÉNONCÉS
LES NIVEAUX
ET LES MÉTHODES

6. la théorie de la double articulation

6.1. DU MOT AU MONÈME

6.1.1. Définir le mot ?

Peu de grammaires scolaires traditionnelles se hasardent à définir le *mot.* Il semble que ce soit un acquis, une évidence. Quand elles le font, la définition ressemble à quelque chose comme :

> Le mot est un ensemble autonome de sons (ou de lettres) désignant un être, une idée, un animal, une action, une relation... et beaucoup d'autres choses.

Vous voyez tout de suite en quoi une telle définition nous éloigne du signe linguistique tel que l'aborde le C.L.G. :

— l'ensemble de sons n'est pas le *sa ;* l'être, l'idée... ne sont pas le *sé ;*

— elle néglige la valeur linguistique et nous ramène à un étiquetage ;

— elle n'analyse pas comme mot, par exemple, la marque du pluriel dans *chantons,* [ɔ̃], marque qui a cependant les traits d'un signe linguistique complet.

De fait, la question n'est pas simple. C'est pour éviter d'y tourner en rond qu'André Martinet propose d'aller au-delà de « l'écran du mot » pour analyser les unités minimales de signification (A. Martinet, in *Diogène,* 1966, p. 39 et sv).

L'UNITÉ MINIMALE DE SIGNIFICATION est la plus petite fraction signifiante de la chaîne parlée. C'est, au sens où l'entend le C.L.G., un signe linguistique : un signifiant associé à un signifié.

Prenons un exemple :

[kado] est une unité minimale. Les décompositions [k] — [ado] ou [kad] — [o] ne conduisent à rien. Et si je peux certes considérer que les éléments [ka] et [do] sont eux-mêmes susceptibles d'être interprétés comme des unités minimales *(cas, dos),* ce découpage ne remet pas en cause le point de départ puisque l'unité *cadeau* n'est pas l'assemblage de *cas + dos.*

Plusieurs types de superpositions peuvent exister entre le mot au sens banal et l'unité minimale de signification :

1 - un mot est une unité : *je, mer, râteau, ici...*

2 - une unité comprend plusieurs mots : ***pomme de terre, tire-bouchon, au fur et à mesure,...***

3 - un mot comprend plusieurs unités : *chant - ons, maison - s, tendre-ment...*

4 - une unité n'est pas un mot : *-s, -ation, -ions, re-...*

-endings aren't words

6.1.2. Les monèmes

Ces unités minimales de signification, A. Martinet les appelle des MONÈMES (du grec *monos* = seul). Vous trouverez l'essentiel de son exposé dans ses *Eléments de Linguistique Générale* (désormais E.L.G.). Au cours des pages qui suivent, nous ferons souvent référence à ce livre important.

Dire d'un monème qu'il est une unité minimale de signification, ne signifie pas que chaque monème ne fournit qu'*une seule information.* L'adjectif *minimal* renvoie au caractère indécomposable de l'unité, mais celle-ci peut très bien comporter plusieurs informations. Ainsi dans *travaillons,* le signifiant [ɔ̃] porte deux signifiés : *première personne du pluriel* et *présent.* Pour la première, il s'oppose à [e] par exemple, pour la seconde il s'oppose à [əʀɔ̃] par exemple. A. Martinet parle alors de SIGNIFIANT AMALGAMÉ. A l'inverse il existe des SIGNIFIANTS DISCONTINUS : [ʒənsɛpa] où le signifié *négation* est porté par deux signifiants : [n] et [pa].

6.1.3. Les morphèmes et les lexèmes (E.L.G. 1-9, 1-13)

A. Martinet distingue deux catégories de monèmes. Les LEXÈMES appartiennent au lexique, les MORPHÈMES relèvent de la grammaire. Les premiers forment ce qu'on appelle une *classe ouverte,* c'est-à-dire comportant un nombre variable d'unités : des lexèmes apparaissent, se forment, d'autres s'effacent. Le nombre en est considérable. Les morphèmes forment au contraire une *classe fermée :* nombre limité et plus stable d'unités.

Soit la phrase :

- Le petit Paul me chante des chansons.

petit, Paul, chant-, chanson : sont des lexèmes ; **
le, me, -e, des, -s : sont des morphèmes ;

Cette distinction n'est plus reprise dans l'édition de 1980.

6.1.4. Les syntagmes

Le SYNTAGME est « une combinaison de monèmes » (E.L.G. 4-13). Dans une phrase donnée, certains monèmes apparaissent plus intimement liés entre eux qu'avec les monèmes de la phrase : ils forment un *syntagme.*

Ainsi :

- L'équipe de Saint-Etienne remporte la Coupe de France.

1 - *l'équipe de Saint-Etienne* et *la Coupe de France* sont des syntagmes ;

2 - *remporte (rem- port- e)* est aussi une combinaison de monèmes, c'est un syntagme non séparable,... un mot.

Monème = a word that can't be separated.

A. Martinet insiste sur le caractère non contraignant de la notion de syntagme. Il convient de ne l'utiliser que là où elle se révèle éclairante pour l'analyse de l'énoncé. Dans notre exemple, la notion de syntagme a plus de rendement en 1 qu'en 2.

6.2. LA DOUBLE ARTICULATION (E.L.G., 1-8)

6.2.1. Problème de vocabulaire

Il ne faut pas prendre ARTICULATION au sens physique du terme comme dans *l'articulation des consonnes et des voyelles.*

Dire que le langage humain est ARTICULÉ, c'est dire que les diverses unités qui servent à élaborer ce langage se composent d'unités « plus petites » et servent elles-mêmes à composer des unités « plus importantes ».

6.2.2. La première articulation.

Supposons que nous ayons une langue formée d'étiquettes, hypothèse que nous avons déjà examinée et repoussée. A chaque chose correspondrait un mot, à chaque situation correspondrait un énoncé :

Situations	Enoncés
1	a
2	b
3	c
etc.	etc.

L'absence totale de tout point commun entre a et b, a et c, etc. ferait de a, b, c, ... des énoncés sans ambiguïté, parfaitement adaptés aux situations 1, 2, 3, ...

Cette non-ambiguïté peut sembler souhaitable mais en fait, qu'on imagine l'effort de mémoire que représenterait l'apprentissage de la série commencée par a, b, c, ... A comparer les deux colonnes, on voit aussitôt que celle des situations se déploie à l'infini et qu'il est impossible que celle des énoncés non ambigus la suive longtemps sur cette voie.

Que se passe-t-il en fait ? On a la situation suivante :

Situations	Enoncés
1	a - *Je suis arrivé hier.*
2	b - *Je ne suis pas entré.*
3	c - *Il ne sait pas.*
etc.	etc.

On remarque tout de suite que les énoncés a, b, c, ont des éléments communs :

a et b : *je, suis, -é.*
b et c : *ne, pas.*

Toutes ces unités qui entrent dans la composition de plusieurs énoncés sont des *monèmes*. Un nombre très grand, mais fini, de monèmes permet d'exprimer, grâce à la variété des combinaisons possibles, un nombre infini d'énoncés.

LES MONÈMES SONT DONC LES UNITÉS DE LA PREMIÈRE ARTICULATION. Ce sont tous des unités minimales de signification. On voit que la première articulation concerne le plan du signifié et le plan du signifiant, celui du contenu et celui de l'expression.

Mais ces monèmes qui servent à composer les énoncés sont eux-mêmes formés d'unités « plus petites » :

6.2.3. La seconde articulation

Prenons trois des monèmes de notre exemple :

[aʀive] [ijɛʀ] [sɛ]

Nous voyons qu'un certain nombre d'unités leur sont communes :

ʀ, i, ɛ

Ces unités, qui permettent de constituer les monèmes, sont les unités de LA SECONDE ARTICULATION. Elles se situent sur le plan du sa, de l'expression. Ce ne sont pas des signes linguistiques, ce ne sont pas des unités signifiantes. On les appelle les PHONÈMES.

PREMIÈRE REMARQUE SUR LA SECONDE ARTICULATION.

Vous avez reconnu les signes de l'A.P.I. et vous êtes tentés de vous dire : *les phonèmes équivalent aux sons*. Gardez-vous de ce rapprochement pour l'heure, nous allons bientôt y revenir.

SECONDE REMARQUE SUR LA SECONDE ARTICULATION.

Il faut bien comprendre qu'à la différence des monèmes, *les phonèmes ne sont pas des unités signifiantes :* ils n'associent pas un signifiant et un signifié.

Bien entendu à comparer :

[vɑ̃d] / [fɑ̃d]
vendent / fendent

il semble qu'on puisse annoncer que la signification de chacun des deux monèmes (lexèmes) : [vɑ̃] / [fɑ̃] dépend de l'opposition [v/f]. La remarque en soi est juste, mais on ne peut l'élargir et dire que le sé de [vɑ̃] *(action d'échanger un produit contre de l'argent)* est contenu dans le phonème [v] ni que le sé de [fɑ̃] *(action de partager en deux dans le sens de la longueur)* est contenu dans le phonème [f]. Comme tous les autres phonèmes [v] et [f] ne signifient rien. Ce sont les combinaisons de phonèmes (les monèmes) qui signifient.

L'existence des monèmes comme [e] (et), [u] (ou), [o] (au)... ne contredit pas la remarque. Comme phonèmes ils ne signifient pas, comme monèmes ils sont signifiants.

6.2.4. L'économie des deux articulations (E.L.G. 1-11 et sv.)

Nombre d'énoncés : une infinité,

Nombre de monèmes : quelques dizaines de milliers,

Nombre de phonèmes : environ 36 en français.

On peut donc, grâce à la double articulation, passer de 36 phonèmes à l'infinité des énoncés. Ce rendement de quelques dizaines d'unités de la seconde articulation est considérable.

6.2.5. Pourquoi cet ordre ?

Les débutants jugent souvent plus logique l'ordre inverse : partir de phonèmes (première articulation), les organiser en monèmes (seconde articulation), et organiser ces derniers en phrases. Ils donnent à *articulation* un sens *physique* et ils passent à côté du sens réel de la théorie.

Pour A. Martinet, les interlocuteurs ont à communiquer leurs idées, leurs désirs, leur « expérience personnelle ». En profondeur, celle-ci est unique, incommunicable sinon par un cri de douleur ou de joie, un mouvement... cela ne suffit pas à créer *une communication linguistique :* « L'expérience personnelle, incommunicable dans son unicité, s'analyse en une succession d'unités, chacune de faible spécialité et connue de tous les membres de la communauté » (E.L.G., 1-2). C'est donc l'expérience humaine exprimée par le langage qui s'articule en une première série d'unités : les unités de la première articulation, les unités signifiantes, les *monèmes.* Ensuite, grâce à la seconde articulation, quelques dizaines de *phonèmes* suffisent.

6.2.6. Remarque : la linguistique fonctionnelle

On voit que A. Martinet part de ce fait : le langage a pour fonction essentielle de communiquer des expériences humaines. Cette notion de fonction, posée dès le départ, justifie l'appellation de *linguistique fonctionnelle.*

6.3. POUR RÉSUMER

Le langage humain s'articule à deux niveaux. Au niveau de la première articulation des unités signifiantes appelées monèmes (lexèmes et morphèmes). Au niveau de la seconde articulation quelques dizaines de phonèmes.

En comparant le langage vocal humain aux autres formes de langage (« langage » par gestes, « langages » des animaux...), A. Martinet constate que seul le langage humain possède cette caractéristique d'être doublement articulé. Bien entendu, dans chaque langue des phonèmes particuliers permettent des monèmes spécifiques de la langue mais, au-delà de la diversité des énoncés, le principe de la double articulation apparaît comme l'une des lois fondamentales du langage humain.

⁂

PROPOSITIONS D'EXERCICES

1 - Dans les phrases qui suivent, distinguer lexèmes et morphèmes :

a - [tuleswaʀʒʀəgaʀdlatele]
b - [ʒɛspɛʀkpuʀynfwatysʀaalœʀ]
c - [talylʒuʀnaldijɛʀ]

2 - Les vocabulaires techniques sont composés de signes nécessairement non-ambigus. Ce fait est-il en contradiction avec ce que nous avons dit au paragraphe 6.2.2. ?

3 - Quelles unités de première et de deuxième articulation sont communes aux trois phrases suivantes :

a - [sityvøʒiʀɛlvwaʀdəmɛ̃]
b - [ʒvɛvwaʀskəʒpøfɛʀ]
c - [iliʀadmɛ̃sipløpa]

4 - Etudier les éléments qui composent les panneaux de signalisation routière (forme, dessin, couleur...). Peut-on parler de double articulation ?

□ *Voir en fin de volume les commentaires des exercices proposés.*

in every language there are certain phonemes (sounds) that are used in that language & create monemes (words that can't be separated) that are specific to they language also → also creates a diversity of sentences (enonces) - the double art. then becomes one of the laws of human language.

7. le niveau des phonèmes

7.1. LES SONS ET LES PHONEMES

7.1.1. L'inventaire des sons : la phonétique

Soit un Huron porteur d'un magnétophone. Il arrive en France, enregistre des kilomètres de bandes et sans avoir appris notre langue repart avec ses enregistrements.

De retour en Huronie, notre enquêteur entreprend de dépouiller les conversations enregistrées pour dresser un inventaire exhaustif des sons qu'il rencontre au long des enregistrements. Le nombre de sons relevés risque d'être plus que grand. Combien de façons découvrira-t-il de prononcer ce que nous appelons un *a*, un *r*, un *s*... ? Tant de diversités existent : diversités de locuteurs, de débits, de prononciations, d'accents... Combien de différences sonores l'oreille de notre étranger ne recueillera-t-elle pas entre une phrase murmurée à voix basse et la même phrase hurlée à tous vents !

Et cependant pour un locuteur français :

— tous ces *a*, ces *r*, ces *s*, ... sont un seul *a*, un seul *r*, un seul *s* ... ;

— les deux phrases en dépit des différences sont une seule phrase.

7.1.2. Le son et le sens

Le premier problème tient en cette question : pourquoi et comment un locuteur identifie-t-il une même suite de sons prononcés de manières différentes comme étant toujours la même suite de sons ?

L'étude purement *physique* des sons, de leurs modes de production, d'articulation, n'a pas à se poser cette question. Mais l'existence même du langage humain tient à l'existence de ces ressemblances, de ces re-connaissances. On ne peut donc considérer la seule face *phonétique* du phénomène, il faut tenir compte de sa face ***signifiante***.

7.1.3. La phonétique et la phonologie

A ce point, nous passons de l'étude des sons articulés dans **une** langue donnée (étude *phonétique*) à l'étude des sons signifiants dans cette langue (étude *phonologique*).

La PHONÉTIQUE est « la science de la face matérielle des sons du langage humain » (N.S. Troubetzkoy). La PHONOLOGIE, au contraire, introduit dans son étude les critères linguistiques de choix, de pertinenc, de signification.

Au sens large, la *phonologie* se propose d'étudier *toutes les manifestations sonores signifiantes du langage humain.* A ce titre elle aborde non seulement les sons mais les tons, les modulations, les accentuations, etc.

7.1.4. La pertinence

Entre une phrase prononcée à voix très basse et la même phrase hurlée, il y a certes de très nombreuses différences *phonétiques,* mais aucune de ces différences n'est *pertinente* si c'est bien de la même phrase qu'il s'agit dans les deux cas.

La PERTINENCE LINGUISTIQUE distingue ce qui est dit de ce qui aurait pu être dit. Si je murmure *toi,* ou si je le crie, aucune des différences sonores n'a la pertinence de celle qui distingue les deux murmures (ou les deux cris) *toi* et *moi.*

Nous parlons bien de la pertinence du point de vue phonétique que nous étudions ; celui des sons. En effet, la différence entre le murmure et le cri est pertinente pour une analyse phonologique qui porterait sur la modulation de l'énoncé.

7.1.5. Reconnaissance des phonèmes d'une langue

Examinons la série suivante : [bã] [pã] [tã] [d̦ã]
chacune de ces unités se distingue des autres par une seule différence et cette différence est pertinente :

— l'opposition [b] / [p], est pertinente puisqu'elle permet de distinguer *banc* et *paon* ;

— l'opposition [t] / [d] est pertinente puisqu'elle permet de distinguer *temps* et *dent* ;

En utilisant des couples semblables (appelés *paires minimales*) on peut par approches successives mettre à jour toutes les oppositions définissant les phonèmes du français.

7.1.6. Définition (première approximation)

Certes, nous arrivons à 36 phonèmes comme nous étions arrivés à 36 sons mais en nous écartant de l'assimilation son = phonème, nous n'avons jamais prétendu que le phonème ne se réalise pas dans une substance sonore. Une définition comme :

Un phonème est un son pertinent,

souligne à la fois l'écart et les liens. Il faut bien comprendre que parler de pertinence pour un son, c'est quitter tout de suite l'univers des *sonorités* pour l'univers des *significations,* c'est passer de la *phonétique* à la *phonologie.*

7.2. L'ANALYSE PHONOLOGIQUE

7.2.1. Les questions

Deux questions peuvent être posées. Nous avons déjà vu la première :

1 - Pourquoi un locuteur français reconnaît-il la présence d'un même phonème à l'initiale de *toi* hurlé et de *toi* murmuré [t] ?

La seconde est une variante de la première :

2 - Pourquoi un locuteur français reconnaît-il la présence d'un même phonème dans [twa] (toi), [ʀut] (route), [alt] (halte), ... ?

7.2.2. Les réponses

Nous nous contenterons d'esquisser ici la théorie du phonème telle que l'élaborent trois démarches :

— la première envisage le phonème comme une classe de sons ;

— la seconde part du phonème défini comme unité de la seconde articulation et étudie les traits distinctifs fonctionnels qui le constituent ;

— la troisième propose un examen plus systématique de ces traits constitutifs et pose l'hypothèse d'une troisième articulation.

7.3. PREMIÈRE DÉMARCHE : L'ANALYSE DISTRIBUTIONNELLE

7.3.1. Réponse à la première question : approche des phonèmes

Revenons à notre première question : pourquoi et comment un locuteur français reconnaît-il le même énoncé entre un *toi* murmuré et un *toi* hurlé ?

Prenons l'énoncé [twa] et modifions légèrement la consonne initiale. Pendant un premier stade les modifications seront suffisantes pour que le [t] soit modifié mais pas assez pour qu'il ne soit plus un [t], c'est-à-dire pour que [twa] ne soit plus compris comme le pronom de la 2e personne *toi.*

Dans un second stade, les modifications seront telles que le [t] deviendra, par exemple, un [d], ou un [k] ; dans le même moment [twa] sera devenu [dwa] *(doigt)* ou [kwa] *(quoi)* lesquelles unités apparaissent au locuteur français comme différentes de *toi.*

Conclusion : tous les [twa] modifiés ne sont que des sons du français ; au contraire le passage de [t] à [d] ou à [k] oppose non plus simplement des sons mais des sons signifiants ou mieux pertinents (car il est évident que [t], [d] ou [k] ne signifient rien eux-mêmes), c'est-à-dire des PHONÈMES.

AUTRE EXEMPLE.

Dans l'inventaire du Huron précité, le Parisien de Ménilmontant dira [pʁi] et le Berrichon [pri], mais la différence n'est pas pertinente pour l'analyse des phonèmes du français, puisque les deux comprendront *prix*. Au contraire, le Parisien et le Berrichon opposeront [pʁi] ou [pri] à [pli].

L'opposition [ʁ] / [l] ou [r] / [l] est pertinente pour l'analyse des phonèmes du français, puisqu'elle oppose *prix* et *pli*.

CONCLUSIONS :

— [ʁ] et [r] sont des *sons* français sans être des *phonèmes* au même titre que |l| par exemple. Pour souligner cette opposition on utilise le signe |R| (entre barres verticales = phonèmes, entre crochets = sons) qui représente le phonème du français présent à l'initiale de *rat, rang, roi, raide, riz,* etc.

— |R| et |l| sont deux phonèmes du français.

DÉFINITION

Dès lors, la notion de phonème recouvre *l'ensemble des variations phonétiques possibles d'un son, variations dont les frontières infranchissables sont le passage à un autre phonème :* le phonème |t| est l'ensemble des sons [t] entendus à l'initiale des différents [twa] ; le phonème |R| est l'ensemble des sons [ʁ] ou [r] entendus à l'initiale de *riz* ; etc. C'est ce qu'exprime la définition : **LE PHONÈME EST UNE CLASSE DE SONS.**

REMARQUE

En toute rigueur, cette démarche souhaite définir le phonème sans faire appel au sens, pour éviter le reproche de *mentalisme* tel que nous le verrons dans le chapitre consacré à l'analyse distributionnelle. En fait, le passage d'un phonème à un autre, et non plus d'un son à un son, n'est saisi que par rapport à un écart pertinent donc par rapport à un sens. Il reste que celui-ci n'est pas premier dans l'analyse mais pierre de touche.

7.3.2. La seconde question : la notion de distribution

Si l'on regarde la seconde question, il semble qu'on puisse y apporter une réponse semblable mais il faut noter une différence importante.

En effet :

a - Si j'accepte le fait qu'il y a certaines différences phonétiques entre les [t] de *toi* murmuré et de *toi* hurlé ;

b - J'accepte aussi le fait qu'il y a certaines différences phonétiques entre le [t] placé à l'initiale dans [twa], en finale dans [ʀut], en finale après consonne dans [alt],...

Mais les origines de ces différences sont distinctes :

a - Dans le premier cas, les [t] toujours situés dans *le même environnement* de sons, sont prononcés différemment du fait du locuteur ;

b - Dans le second cas, les [t] situés dans *des environnements différents,* sont prononcés différemment du fait des contraintes phonétiques nées de ces environnements.

Donc, définir le phonème comme une classe de sons impose de voir comment les divers sons, qui renvoient tous à un seul phonème se répartissent dans la chaîne sonore, se *distribuent* en fonction des environnements.

Etudier la DISTRIBUTION d'un phonème, c'est étudier les emplacements caractéristiques de la chaîne parlée où apparaissent les diverses réalisations sonores de ce phonème.

On distingue deux types de variations :

— *Les variantes libres,*

— *Les variantes complémentaires.*

LES VARIANTES LIBRES (EXEMPLE).

C'est le cas de *toi* murmuré ou hurlé. C'est également le cas du [ʁ] et du [r]. Ces variantes ne dépendent pas de l'environnement contextuel puisqu'elles se produisent dans des environnements semblables. Elles dépendent du locuteur, du ton, de l'accent, etc.

LES VARIANTES COMPLÉMENTAIRES (EXEMPLE).

Le phonème |b| se réalise différemment selon qu'il est ou non suivi des consonnes dentales [t] et [d]. Il tend alors à s'assourdir et à se rapprocher de [p] :

Subtil : [sybtil] ou [syptil].
Subdivision : [syb-] ou [sypdivisjɔ̃].

Le même phénomène se rencontre devant [s] :

Absent : [absɑ̃] ou [apsɑ̃].

Ces diverses variantes dépendent de l'environnement du phonème. On dit qu'elles sont en *distribution complémentaire* et on les appelle des *variantes complémentaires.*

7.3.3. Définitions

UN PHONÈME EST DONC UNE CLASSE DE SONS QUI RASSEMBLE SES VARIANTES LIBRES ET SES VARIANTES COMPLÉMENTAIRES. On appelle toutes ces variantes les ALLOPHONES du phonème, terme qu'on réserve parfois aux seules variantes complémentaires.

7.4. SECONDE DÉMARCHE : L'ANALYSE DE LA LINGUISTIQUE FONCTIONNELLE

7.4.1. L'école de Prague

L'analyse phonologique a tout particulièrement été élaborée par plusieurs linguistes qui, à partir de 1926, participèrent aux travaux du Cercle Linguistique de Prague ; d'où le nom d'Ecole de Prague donné à ce groupe et à ses théories. Parmi les principaux animateurs du groupe, on citera Nikolaï Serguieievitch Troubetzkoy et Roman Jakobson, qui élaborèrent les concepts fondamentaux de l'analyse phonologique européenne. A. Martinet et E. Benveniste participèrent aussi aux travaux de ce Cercle.

Pour l'école de Prague, la langue doit être envisagée du point de vue de ses fonctions (les rôles qu'elle a à remplir). Nous avons déjà vu comment cette analyse conduit A. Martinet à développer sa théorie de la double articulation et c'est justement dans le prolongement de celle-ci que la notion de phonème s'explique et s'étudie pour la linguistique fonctionnelle.

7.4.2. La segmentation des phonèmes

La précédente démarche s'accommodait de phonèmes conçus comme des éléments non segmentables. Au contraire, la linguistique fonctionnelle considère que chaque phonème est susceptible de se décomposer en *unités constitutives.*

Ces unités, la phonétique articulatoire nous en a déjà donné une idée. Dans le premier chapitre de ce livre nous avons dressé un tableau du système phonétique des voyelles et un tableau du système des consonnes. Nous avons vu comment chaque son trouvait sa place dans le jeu des ressemblances et des oppositions : *oral/nasal, sourd/sonore, labial/dental, apical...,* etc. Vous pouvez, dès maintenant, noter que dans sa démarche, l'analyse fonctionnelle tient compte des ressemblances qui existent entre les phonèmes. C'est à partir de ce réseau de ressemblances qu'elle dégage les oppositions pertinentes. Nous avons vu au contraire que l'analyse distributionnelle s'en tient à l'étude des différences qui fondent chaque phonème.

7.4.3. Les traits distinctifs

Le mieux est de procéder sur des exemples :

Imaginons une langue où l'étude phonétique ait permis de repérer sept consonnes :

[p, b, m, t, k, r, ʁ]

En nous appuyant sur la description *phonétique* de ces consonnes, nous allons étudier leurs TRAITS ARTICULATOIRES afin de dégager les TRAITS DISTINCTIFS des *phonèmes* concernés.

PREMIER EXEMPLE :

La phonétique nous apprend que [p] et [b] sont ainsi articulés :

[p] : Occlusive	orale	sourde	bilabiale
[b] : Occlusive	orale	sonore	bilabiale

Il paraît clairement que seule l'opposition *sourde/sonore* distingue |p| de |b|. Cette opposition est ce qu'on appelle un *trait distinctif*. Elle est pertinente : la présence ou l'absence du trait |*sonorité*| distingue donc les deux phonèmes :

	|p|	|b|
|*sonorité*|	—	+

Attention, ce trait n'est plus un *trait articulatoire* comme en phonétique. Nous avons quitté le domaine des *sons* pour celui des *phonèmes*. Nous faisons abstraction de la substance sonore qui réalise chaque phonème pour ne tenir compte que du système de ressemblances et d'oppositions. Le trait est un trait distinctif : nous sommes en *phonologie*. Pour souligner ce point, nous le mettons entre deux barres comme les phonèmes : |*sonorité*|.

AUTRE EXEMPLE :

[p] : occlusive	orale	sourde	bilabiale
[b] : occlusive	orale	sonore	bilabiale
[m] : occlusive	nasale		bilabiale

Ici c'est le trait |*nasal*| qui permet de distinguer |m| de |p, b|. Le trait |*sonorité*| marqué + ou — n'est pas pris en compte puisqu'il n'y a pas de couple *nasale sourde/nasale sonore :*

	|p, b|	|m|
|*nasal*|	—	+

AUTRE EXEMPLE :

[p] : occlusive	orale	sourde	bilabiale
[t] : occlusive	orale	sourde	apico-dentale
[k] : occlusive	orale	sourde	vélaire
[r] : vibrante			apicale
[ʁ] : vibrante			uvulaire

Entre les trois premières consonnes, c'est le trait articulatoire final qui sera pris comme distinctif. Le trait |*vibrant*| distingue les deux [r, ʁ] des autres consonnes mais il ne suffit pas à distinguer les deux consonnes entre elles. Reste alors le trait articulatoire final ? On se pose la question et on cherche deux unités de la première articulation qui *ne* s'opposeraient *que* par ce trait. Si dans cette langue que nous avons imaginée on ne trouve aucun couple rendant compte de l'opposition, seul le trait |*vibrant*| sera conservé et il servira à caractériser un phonème |ʀ|.

La *phonétique* nous avait conduit à supposer *sept sons*, l'analyse des *traits distinctifs* nous propose *six phonèmes*.

TABLEAU DU SYSTÈME DES SIX PHONÈMES DE LA LANGUE CONSIDÉRÉE.

En rassemblant les diverses informations relevées, nous pouvons dresser le tableau suivant :

	|p|	|b|	|m|	|t|	|k|	|ʀ|
|*sonorité*|	—	+				
|*nasal*|			+			
|*labial*|	(+)	(+)	(+)			
|*dental*|				+		
|*vélaire*|					+	
|*vibrant*|						+

Les cases non remplies correspondent à des traits distinctifs non pris en compte pour le phonème considéré. En effet, les traits articulatoires correspondants ne permettent pas de dégager une opposition fonctionnelle dans le système examiné. Exemple : l'absence de |d| et |g| fait qu'il est inutile de retenir le trait |*sonorité*| marqué — dans |t| et |k|. Les (+) correspondent à des traits dont il est possible de faire l'économie pour décrire le phonème considéré. Exemple : le trait |*nasal*| suffit dans ce système à spécifier le phonème |m|.

REMARQUE.

Pour l'ensemble des consonnes et des voyelles du français, ou de toute autre langue actuelle, l'établissement de tels tableaux ne va pas de soi. Ils posent de nombreux problèmes d'analyse. Nous vous invitons à voir comment, par exemple, A. Martinet résout les problèmes dans ses *Eléments de Linguistique Générale* (chapitre 3).

7.4.4. Définition

LE PHONÈME NE RETIENT DONC DE TOUS LES TRAITS ARTICULATOIRES (physiques, phonétiques) DU SON QUE CEUX QUI ONT UNE FONCTION DISTINCTIVE. C'est un élément inséré dans une structure qui seule permet de le définir. C'est une unité linguistique dont la caractéristique essentielle est d'être ce que les autres ne sont pas.

7.4.5. Les archiphonèmes (cf. E.L.G. 3-18)

N'allez pas croire que la linguistique fonctionnelle ignore la question de la distribution des phonèmes. Elle aussi reconnaît des variantes libres et des variantes complémentaires et c'est même dans l'examen de ce dernier type de variantes qu'elle pense voir apparaître ce qu'elle appelle la *neutralisation.*

Le phénomène peut se définir ainsi : placés dans un environnement donné les traits distinctifs de deux phonèmes distincts s'*effacent*, sont *neutralisés*. Dès lors, on n'a plus l'un ou l'autre des phonèmes mais une unité complexe qu'on nomme un ARCHIPHONÈME (représenté par une majuscule). Ainsi :

— L'opposition |e-ɛ| ne peut en français fonctionner qu'en syllabe ouverte : *dé - dais* ; en syllabe fermée elle est neutralisée et seule paraît le |ɛ| : *mer, terre, vers.* La prononciation d'un mot comme maison [me - mɛ] donne une idée du phénomène. L'archiphonème sera noté |E| : |mEzɔ̃|.

— L'opposition |p-b| tend à être neutralisée devant une consonne comme |t|. Souvenez-vous de la prononciation de *subtil, subterfuge :* |syPtil, syPtɛʀfyʒ|.

Bien entendu, cette notion d'archiphonème est incompatible avec le phonème défini comme un ensemble d'allophones, tel que nous l'avons vu précédemment. C'est là un des points du débat ouvert.

7.4.6. L'hypothèse d'une troisième articulation ?

Plusieurs linguistes sont allés au-delà des phonèmes afin de mettre à jour des unités d'une sorte de *troisième articulation* dont la combinaison donnerait des phonèmes, de même que les combinaisons de phonèmes donnent les monèmes. Nous venons de voir que l'analyse fonctionnelle des phonèmes approche et étudie ce dont sont composés les phonèmes, les éléments qui permettent de les rapprocher ou de les distinguer, mais en parlant de troisième articulation, il s'agit de dégager un *inventaire précis* et très *limité.* C'est ainsi que le linguiste Roman Jakobson ramène tous ces éléments à *douze oppositions binaires*, c'est-à-dire fonctionnant par couple +/— :

— Traits de sonorité : vocalique/non-vocalique, consonantique/non-consonantique, compact/diffus, tendu/lâche, voisé/non-voisé, nasal/oral, discontinu/continu, strident/mat, bloqué/non-bloqué.

— Traits de tonalité : grave/aigu, bémolisé/non-bémolisé, dièsé/non-dièsé (R. Jakobson, 1963, p. 121 et sv.).

Pour lui, toutes les langues usent de cette série, complète ou non, de couples, pour composer leurs propres inventaires de phonèmes. Vous voyez qu'on atteint là un très haut degré d'universalité. La discussion de cette importante théorie met donc en cause la question de ce qu'on appelle les *universaux du langage* (traits fondamentaux du langage humain communs à toutes les langues). C'est l'un des débats essentiels actuellement ouverts en linguistique.

7.5. POINTS DE VUE DIACHRONIQUES

7.5.1. L'évolution du système phonologique du français

Ce système se modifie. En français contemporain, on constate par exemple, entre autres modifications :

— un affaiblissement très net de l'opposition |ɛ̃-œ̃|. Elle ne sert guère qu'à distinguer *brin* de *brun*. Le rendement fonctionnel est donc faible et les deux phonèmes se confondent en |ɛ̃|.

— un affaiblissement sensible de l'opposition |a-ɑ|.

7.5.2. L'apprentissage des phonèmes

Dans son apprentissage du langage, l'enfant percevra plus souvent les sons qui sont les allophones des phonèmes de sa langue maternelle. Parmi tous les sons qu'il est donc capable de produire, ceux-ci apparaissent comme privilégiés et l'on peut concevoir que les entendant plus souvent, il les imite avec plus de soin jusqu'à les retenir tous.

En fait, expliquer l'apprentissage des phonèmes par l'*imitation* reviendrait à confondre les phonèmes et les sons. Le phonème, unité linguistique abstraite, ne peut être imité. Il faut donc plutôt parler de *discrimination* que d'*imitation*. Le perroquet imite sans discriminer les traits distinctifs pertinents. L'enfant, lui, les discrimine.

Le fait n'a rien qui puisse surprendre : il signifie simplement que l'enfant apprend sa langue en s'exerçant sur elle, à partir des éléments fournis par le langage des adultes. Bien entendu, il ne peut rendre compte de ces activités, et il ne faut surtout pas imaginer là une activité linguistique ou *métalinguistique* (entendez : *à propos de la linguistique*), au sens où nous l'entendons. Tout se fait spontanément d'une manière largement *inconsciente* et qu'il est encore bien difficile de comprendre. Mais ces difficultés ne nous autorisent pas à considérer l'enfant qui parle comme un simple écho de la langue des adultes (cf. ce que nous avons déjà dit de ces questions en 3.5.).

Ceux qui ont pu écouter des enfants, connaissent cette période où l'imitation des mots *cadeau* et *gâteau* conduit à quelque chose comme :

$$\begin{bmatrix} \text{k} & & \text{t} & \\ & \text{a} & & \text{o} \\ \text{g} & & \text{d} & \end{bmatrix}$$

Puis le trait distinctif |*sonorité*| se met en place et l'enfant produit :

[kado], [gato]

Ce n'est pas parce qu'il imite mieux les sons, c'est qu'il a assimilé le trait en question. On le voit bien, puisque la saisie d'un trait distinctif |*sonorité*| agit sur divers lieux d'articulation : vélaire pour |k, g|, dental pour |t. d|.

De même, l'adulte qui apprend une langue étrangère ne possédera vraiment cette langue et ne la parlera vraiment sans accent, que le jour où il aura complètement pénétré non pas la *phonétique* de cette langue mais son système *phonologique*.

Le système phonologique est toujours spécifique d'une langue et c'est bien pourquoi l'imitation des sons ne suffit pas pour passer d'une langue à l'autre. En effet, il n'y a pas un phonème |t| universel mais un |t| français défini par tels traits distinctifs, un |t| anglais défini par tels autres traits, un |t| ... Le fait qu'on reconnaisse 36 phonèmes en français et 46 en anglais souligne que ces phonèmes sont différents puisque les oppositions mises en jeu sont elles-mêmes différentes. Rien n'est plus faux dans ce domaine que l'équivalence du genre le |t| anglais se prononce comme ...

Pour l'usage en classe de semblables comparaisons : voir tome 2, 17.1.3.

***

PROPOSITIONS D'EXERCICES

1 - Dans les énoncés français qui suivent et sont transcrits phonétiquement, distinguez les sons, puis les phonèmes utilisés :

[yn mezɔ̃, lɛ sɛzɔ̃, lɛ mezɔ̃, ma mɛzɔ̃,
le mɛzɔ̃, yn sezɔ̃, le sɛzɔ̃, le mezɔ̃]

2 - Voici les transcriptions phonétiques et les traductions en français d'énoncés d'une langue imaginaire :

[ta] = *je*	[tagɛ] = *rien*	[tãgã] = *tout*
[tɛ] = *tu*	[tegɛ] = *plus*	[keda] = *voir*
[tã] = *je*	[tedɛ] = *moins*	[tãgɛ] = *rien*
[taga] = *tout*	[kedɛ] = *ici*	[kadɛ] = *venir*

— faites l'inventaire des sons utilisés ;
— étudiez leurs distributions ;
— faites l'inventaire des phonèmes utilisés (attention aux variantes libres et complémentaires).

□ *Voir en fin de volume les commentaires des exercices proposés.*

8. le niveau des monèmes (en linguistique fonctionnelle) ou des morphèmes (en analyse distributionnelle)

8.1. PROBLEMES DE VOCABULAIRE

Pour désigner la linguistique moderne, on parle souvent de *linguistique structurale*. L'appellation est juste et vous comprenez pourquoi, mais sa trop grande généralité présente le risque de laisser croire que tous ceux qui se réclament d'une linguistique structurale, appliquent des méthodes identiques à partir de postulats semblables.

Nous avons donc choisi parmi les appellations possibles celles qui annoncent clairement les débats en renvoyant aux méthodes appliquées et aux postulats énoncés :

linguistique fonctionnelle - analyse distributionnelle

(Pour voir comment les manuels scolaires s'y retrouvent : tome 2, 4.2.)

Et pour souligner l'inconséquence de notre propos, nous utilisons un quatrième adjectif pour ouvrir ce chapitre :

8.2. LES CATÉGORIES EN GRAMMAIRE NOTIONNELLE

Révisons nos anciennes connaissances :

— le *nom* signifie une personne, un animal, une chose, une idée... ;
— le *verbe* signifie une action, un état, une transformation ;
— l'*adjectif* signifie une qualité ou une détermination ;
— etc.

Dans ces conditions : *la course* qui désigne une action est un verbe, *malade* qui signifie un état est aussi un verbe...

Ces définitions sont des définitions NOTIONNELLES. Elles reposent sur l'idée que l'organisation de la langue *reflète* l'organisation de l'univers. De ce point de vue les catégories correspondent à ce réel. En effet, que voit-on dans l'univers ? Des substances, en acte, et susceptibles de certaines caractérisations. Il faudra donc une catégorie pour les substances (= les noms, les substantifs), une pour les actes (= les verbes), une pour les caractérisations (= les adjectifs). Et ainsi de suite pour les diverses catégories. Celles qui refuseraient toute assimilation simple seront rangées dans les catégories des mots-outils : prépositions, conjonctions... (Voir tome 2, 4.2., 11.1., 11.2.)

Face aux définitions notionnelles, la linguistique structurale propose ses propres démarches. Nous allons voir celles des approches distributionnelle et fonctionnelle.

8.3. L'ANALYSE DE LA LINGUISTIQUE FONCTIONNELLE (E.L.G. chapitre 4)

RAPPEL.

Nous avons vu dans le chapitre 6, comment A. Martinet expose la théorie de la double articulation. Au niveau de la première articulation, le concept traditionnel de mot cède la place à celui de *monème*. S'interroger sur les catégories, dans cette perspective, sera s'interroger sur des catégories de monèmes. A cet égard, la distinction entre *lexèmes* et *morphèmes* est une première réponse qu'il convient de préciser.

8.3.1. Les monèmes autonomes

Dans ce cas, le rapport entre le monème et l'énoncé est tout entier compris dans la signification même du monème, indépendamment de la place qu'il occupe. Exemple : *souvent* dans :

- (souvent) je regarde (souvent) la télé (souvent).

Cette faculté de déplacement dans l'énoncé découle directement de l'autonomie du monème.

8.3.2. Les monèmes fonctionnels

Leur rôle est d'intégrer dans l'énoncé des monèmes non autonomes, afin de spécifier leur rapport à cet énoncé. Ils servent à indiquer la fonction d'un autre monème.

Exemples : *de, à, dans :*

- Je suis (de, à, dans) Paris.

8.3.3. Les monèmes dépendants

Ce sont les autres monèmes. Ils sont intégrés dans l'énoncé, soit grâce à un ordre déterminé des unités :

- Paul regarde Pierre. / Pierre regarde Paul.

soit grâce à un monème fonctionnel.

8.3.4. Les modalités

Ce sont tous les morphèmes qui se joignent aux monèmes dépendants : modalités de temps, de personne, de nombre, actualisation, détermination... C'est ici qu'on rencontre les signifiants amalgamés ou discontinus.

Exemple : dans *nous chantons :*

— *nous ... -ons :* modalité de personne (signifiant discontinu) ;

— *ons :* par opposition à *-ions, -erons...*, modalité de temps ; par opposition à *-ez, -ent...*, modalité de personne (signifiant amalgamé).

8.3.5. Les catégories

A. Martinet applique cette analyse à diverses langues : il s'agit d'un exposé de linguistique générale. Pour ces langues et par conséquent pour le français, la possibilité reste ouverte d'utiliser les appellations de *nom, verbe...* Mais ces catégories sont désormais définies à partir de l'analyse faite. Ainsi, les lexèmes qui peuvent se combiner avec les modalités de nombre et de possession seront appelés *noms ;* ceux qui peuvent se combiner avec des modalités de temps et de personne seront appelés *verbes,* etc. (ces définitions demandent à être précisées par des situations syntagmatiques).

Pour citer exactement, A. Martinet ne dit pas : seront appelés mais : « pourront être appelés » (E.L.G. 4-43). C'est souligner que ces appellations n'ont plus l'importance que leur accordait la grammaire traditionnelle.

L'essentiel est de comprendre que les catégories ne sont plus définies par rapport à des notions mais *à l'intérieur du système en raison des fonctions remplies par les divers monèmes.*

8.4. L'ANALYSE DISTRIBUTIONNELLE

8.4.1. Le mentalisme

Le MENTALISME consiste à introduire dans l'analyse des unités linguistiques des valeurs notionnelles :

— définir le nom comme substance, l'adjectif comme qualité...

— étendre à toute une catégorie une appellation notionnelle qui convient à quelques cas : le mode dit conditionnel ne renvoie pas toujours à une condition (j'aimerais réussir) et toutes les expressions de la condition ne passent pas par le conditionnel (avec un peu de chance, nous réussirons) ; le complément dit d'attribution ne correspond pas toujours à une attribution (Paul donne une gifle à Jean) ...

Au total, le mentalisme consiste à introduire dans l'analyse des éléments qui ne figurent pas *explicitement* dans les énoncés.

Un courant linguistique, né essentiellement aux Etats-Unis, a cherché à édifier des procédures absolument non-mentalistes. Compte non tenu de différences secondaires, on regroupe habituellement ces recherches sous le titre d'ANALYSE DISTRIBUTIONNELLE. La théorie en a été exposée par Zellig S. Harris et Charles F. Hockett dans les années 50. A l'origine de ce courant, on peut trouver un livre bien plus ancien : *Le langage*, de Leonard Bloomfield.

8.4.2. Le behaviorisme

Le BEHAVIORISME, appelé aussi *psychologie du comportement* (behaviour en anglais), se présente comme une étude objective de l'homme. Il rejette toutes les analyses qui font appel à l'intuition que le sujet a de lui-même pour s'en tenir à une observation rigoureuse des manifestations extérieures du comportement du sujet. Vous voyez qu'il formule à l'égard d'une psychologie plus classique (intuition, introspection, connaissance de soi...) une critique elle aussi anti-mentaliste.

8.4.3. Lecture de Leonard Bloomfield

Le linguiste américain Leonard Bloomfield a exposé, dans un livre paru en 1933 et intitulé *Le Langage (Language)*, une théorie behavioriste et mécaniste du langage.

Cela apparaît bien à travers un apologue désormais célèbre en linguistique, que Bloomfield raconte au chapitre 2 de l'ouvrage (p. 26 et sv.) :

Jack et Jill se promènent. Jill voit une pomme et la désire. Seule elle n'avait d'autre ressource qu'escalader la barrière, grimper à l'arbre et cueillir le fruit. En un mot passer du désir (le *stimulus*) à l'acte (la *réaction*) :

$$S \rightarrow R$$

Mais elle est avec Jack. Dès lors sa bouche émet quelques sons et c'est Jack qui va cueillir la pomme pour la lui apporter. Au lieu d'une réaction R, Jill a eu une réaction linguistique r. Cette réaction a déclenché en Jack un stimulus étrange (la compréhension des sons émis par Jill), de quoi découle la réaction. On a donc :

$$S \rightarrow r \rightarrow s \rightarrow R$$

Cet ensemble de stimulus - réactions correspond exactement à la définition que Bloomfield donne du langage : « *La séparation entre le corps du locuteur et de l'auditeur — la discontinuité de leurs deux systèmes nerveux — est comblée par les ondes sonores* » (*Le Langage*, p. 30, souligné dans le texte).

Dans cette perspective, quasi édénique au sens strict du terme, étudier le langage revient à étudier des enchaînements de stimulus (s) et de réactions (r) linguistiques, liés à des stimulus (S) et des réactions (R) de situation. A la limite, la connaissance des composantes de la situation permet de prévoir les messages échangés.

8.4.4. La place du sens

Le sens se trouve donc en quelque sorte évacué des messages et il n'est plus nécessaire de le mettre en avant pour étudier ces messages. L'attitude non-mentaliste assigne donc une place précise au sens.

Dans sa démarche analytique, elle met en rapport :

— des *sons* produits par la bouche,

— des *comportements* à l'intérieur de situations,

— le *sens* des productions sonores étant à rechercher dans l'analyse des situations.

Ce n'est donc plus à la linguistique de préciser le sens des énoncés, mais à toutes les sciences qui analysent les situations et les éléments dont elles sont formées (*Le Langage,* chapitre IX).

Il est difficile de mener l'analyse jusqu'à ce point d'extrême rigueur positiviste. Vous pouvez noter que l'écart est déjà largement creusé entre Saussure et Bloomfield, ce dernier tenant les notions d'image mentale et de concept, la distinction langue/parole, pour suspectes de mentalisme. De fait, les présupposés philosophiques et psychologiques des deux linguistes diffèrent nettement.

D'un autre point de vue, on voit que l'analyse de Bloomfield donne au langage une exclusive fonction de communication (« combler l'espace entre deux systèmes nerveux »). Le langage intérieur, ordonnateur de nos idées et de toute notre vie mentale, comment l'analyser ? Pour les behavioristes, cette question n'a pas grand sens puisque seuls les comportements signifient.

Nous en resterons là de ce débat. Ce qui importe, à notre niveau, tient en la place précise assignée au sens dans la méthode distributionnelle : *le sens ne sert que de pierre de touche pour vérifier les ressemblances ou les dissemblances formelles des énoncés.* En aucun cas il n'interviendra dans la définition des unités (voir tome **2**, 3.1.).

8.4.5. Les principes de l'analyse distributionnelle

Cette analyse consiste en l'examen des DISTRIBUTIONS des UNITÉS linguistiques constituant le CORPUS.

Nous allons reprendre chacun de ces termes dont certains vous sont déjà familiers.

8.4.6. Le corpus

Le CORPUS est l'ensemble des énoncés rassemblés par le linguiste qui désire mener son étude. Le corpus est un échantillon, au sens statistique du terme, échantillon représentatif de la langue ou des aspects de la langue qu'on souhaite étudier. Il sera synchronique et fini.

8.4.7. Les unités

Nous les avons déjà rencontrées. L'idée initiale est que *le fonctionnement de la langue repose sur une combinaison d'éléments de divers niveaux.*

Chaque élément est défini :
— dans les distributions du niveau auquel il appartient,
— par rapport aux unités du niveau supérieur.

Ainsi dans l'analyse phonologique, le |t| et le |d| se trouvaient définis :
— comme l'ensemble des variantes libres et complémentaires de |t| ou de |d| ;
— comme s'opposant au niveau des morphèmes dans la paire minimale [tu/du] *(toux - doux).*

8.4.8. Les distributions

On appelle DISTRIBUTION D'UNE UNITÉ LINGUISTIQUE la somme des environnements où cette unité se rencontre dans le corpus. Nous avons déjà vu cette question au niveau phonologique dans le précédent chapitre (7.3.2.).

Soit un fragment de corpus imaginaire :

A	B	
A	D	C
E	B	C
C	B	E
A	D	E
C	D	
E	D	A
C	B	A

La distribution de l'unité B sera :

A — E — C —	— B —	— final — A — E — C

Vous pouvez remarquer que l'unité D a la même distribution. Il sera donc raisonnable de supposer que B et D *appartiennent à la même catégorie d'unités.* L'examen du corpus complet confirmera ou non l'hypothèse.

8.4.9. Le morphème

LE MORPHÈME EST UNE UNITÉ SIGNIFIANTE FORMÉE D'UN OU DE PLUSIEURS PHONÈMES. IL SE DISTRIBUE DANS LA PHRASE.

Cette définition convient quand on analyse les morphèmes d'une phrase telle que :

[lə ʃval sot la ɛ]

En effet, on obtiendra par les diverses substitutions possibles sur l'axe paradigmatique :

lə	ʃval	sot -	- morph : ø	la	ɛ
sə	ʃjɛ̃	pas -	- ɛ	sɛt (ə)	RivjɛR
mɔ̃	. . .	. . .	- a	yn (ə)	
. . .			- Ra	. . .	
			. . .		

Ainsi se dessine un paradigme de [lə] un paradigme de [ʃval] ... Ces CLASSES PARADIGMATIQUES permettent de distinguer les morphèmes de notre phrase.

Remarque : Dans la quatrième colonne, le morphème *-ø (morphème zéro)* correspond aux réalisations *saute* et *passe* où le *-e* n'a qu'une existence orthographique. Dans ces analyses, pour éviter que les marques de l'orthographe ne viennent perturber la démarche, il faut se placer dans la situation d'un *écouteur* et non pas d'un *lecteur.*

Mais si nous mettons la phrase au pluriel :

[lɛ ʃvo sot la ɛ)

Comment analyser [ʃvo] ? Quel signifiant porte le signifié pluriel dans [ʃvo] ?

Bien entendu, isoler une unité [ʃv-] à laquelle s'ajouterait [-al] au singulier et au pluriel [-o] est impossible. [ʃval] forme un unique morphème, nous venons de le voir. Dans ces conditions, comment trouver une réponse ?

8.4.10. Morphèmes et morphes

La notion de *distribution* apporte cette réponse. Le morphème, pas plus que le phonème, n'est une *substance,* c'est une *forme,* une *unité linguistique* abstraite. Cette forme ne doit pas nécessairement se réaliser en une suite sonore susceptible d'être isolée, segmentée. Le morphème n'est donc pas nécessairement un *segment* déterminé de la suite sonore.

Dire que [ʃvo] est composé de *deux morphèmes,* c'est reconnaître que le morphème pluriel (appelons-le *P*) est susceptible de se distribuer en variantes complémentaires *repérables ou non* sur la suite sonore. Le tout peut se représenter sous la forme d'un rapport :

$$\frac{\text{lə ʃval}}{\text{lɛ ʃvo}} = \frac{\text{lə ʃjɛ̃}}{\text{lɛ ʃjɛ̃}} = \frac{X}{X.P}$$

On dit que *le morphème est représenté par ses différents* MORPHES *dans les divers environnements :*

morphème pluriel *(P)*
- lɛ, dɛ, dø, no,...
- couples œj/jø,...
- alternance al/o,...
- -z- de liaison

L'étude des pluriels écrits (*-s, -x, -aux, -ø*...) relève de l'étude des marques orthographiques.

L'ensemble de ces réalisations s'appelle les ALLOMORPHES du morphème considéré (cf. *phonème* et *allophones* 7.3.3.).

8.5. POUR CONCLURE SUR LES MONÈMES ET LES MORPHÈMES

Avec ce chapitre et les précédents, vous possédez désormais une approche de la théorie de la double articulation et de l'analyse distributionnelle (en dehors des problèmes de la phrase). Si les deux considèrent la langue comme une combinaison d'éléments, des éléments somme toute semblables sont appelés *monèmes* par A. Martinet et *morphèmes* par les distributionnalistes.

L'écart n'est pas que de vocabulaire. Même si les deux procédures utilisent des démarches similaires (segmentation, permutation, substitution, distribution...) les lignes directrices sont distinctes. La théorie de la double articulation part de l'expérience humaine à communiquer, constate une première articulation en monèmes puis une seconde en phonèmes, s'interroge à chaque fois sur la manière dont fonctionnent les unités pour communiquer le message. L'analyse distributionnelle en mettant le sens de côté, prend le problème par l'autre extrémité en quelque sorte : elle examine la distribution des phonèmes par référence au niveau des morphèmes, la distribution de ceux-ci par référence au niveau de la phrase.

8.6. BREF EXEMPLE D'ANALYSE DISTRIBUTIONNELLE : IDENTIFIER LE VERBE ?

La grammaire traditionnelle propose, nous l'avons vu, une définition notionnelle du verbe. Elle ne convient pas.

Comment procéder ? Le verbe (V) sera identifié non par son sens mais par sa distribution.

Soit ce corpus :

1	2	3
Jean	regarde	la télé.
Jean	regardait	les enfants.
Les enfants	aiment	Jean.
Jean	appelle	Paul.
Paul	appellera	Jean.
Les garçons	appelleront	les filles.
Le garçon	appelle	Paul.

On note que les unités de la colonne 2 sont toujours précédées d'unités A (du type *Jean*) ou B + C (du type *le garçon*), mais peuvent également être suivies de ces mêmes unités. On a donc quelque chose comme :

$$\overset{1}{\begin{Bmatrix} \mathrm{A} \\ \mathrm{B} + \mathrm{C} \end{Bmatrix}} + \overset{2}{\begin{Bmatrix} \mathrm{V} \\ \ \end{Bmatrix}} + \overset{3}{\begin{Bmatrix} \mathrm{A} \\ \mathrm{B} + \mathrm{C} \end{Bmatrix}}$$

Les premières relations sont renforcées par le lien qui apparaît entre la présence ou l'absence du morphème pluriel dans la colonne 1 et dans la colonne 2. De ce point de vue, 3 n'a aucune influence apparente sur 2. Les groupements possibles sont :

$$\begin{Bmatrix} \mathrm{A} \end{Bmatrix} + \begin{Bmatrix} \mathrm{V} \end{Bmatrix} + \begin{Bmatrix} \mathrm{A} \\ \mathrm{B} + \mathrm{C} \\ \mathrm{B} + \mathrm{C} + P \end{Bmatrix}$$

$$\begin{Bmatrix} \mathrm{B} + \mathrm{C} \end{Bmatrix} + \begin{Bmatrix} \mathrm{V} \end{Bmatrix} + \begin{Bmatrix} \mathrm{A} \\ \mathrm{B} + \mathrm{C} \\ \mathrm{B} + \mathrm{C} + P \end{Bmatrix}$$

$$\begin{Bmatrix} \mathrm{B} + \mathrm{C} + P \end{Bmatrix} + \begin{Bmatrix} \mathrm{V} + P \end{Bmatrix} + \begin{Bmatrix} \mathrm{A} \\ \mathrm{B} + \mathrm{C} \\ \mathrm{B} + \mathrm{C} + P \end{Bmatrix}$$

Les substitutions paradigmatiques permettent de noter des variations de la finale de V du type :

$$\mathrm{V} + \begin{Bmatrix} \text{- e} \\ \text{- ait} \qquad\qquad (+ \ P \text{ parfois}) \\ \text{- era} \end{Bmatrix}$$

Variations qui correspondent à des moments différents par rapport au moment du message.

La mise ensemble de toutes ces remarques sur la distribution des unités V permet d'assigner à celles-ci des environnements caractéristiques. On dira que toutes les unités qui acceptent ces environnements sont des V et, *par convention*, on les appellera des *verbes*. Les enfants dans leurs tâtonnements sur la phrase font de semblables analyses avec plus ou moins de bonheur. Témoin cette phrase relevée sur un cahier du fils de l'auteur (CM 1) :

La lune reçoit la lumière envoyer du soleil.

Le dialogue suit :

— Il y a une erreur dans ta phrase.

— C'est pas l'infinitif ?

— Voilà.

Et la tête blonde de corriger :

La lune reçoit la lumière envoyée du soleil.

Satisfaction de l'heureux père, lequel pris d'un scrupule demande :

— Pourquoi *-ée* ?

— Parce que c'est la 3e personne du singulier !

Pas d'autre solution que faire conjuguer le verbe *envoyer* au présent pour s'apercevoir qu'il n'y figure pas de forme *envoyée*. La seconde étape mène à écrire :

La lune reçoit les rayons envoyés ... Avant même de finir l'enfant déclare :

— C'est un adjectif !

Avec des définitions notionnelles, l'affaire se serait compliquée puisque *envoyée* désigne bien une action. De là à l'analyser comme verbe... A moins que, non sans logique notionnelle, on aboutisse à l'étrange catégorisation : participe passé employé comme adjectif.

8.7. L'ANALYSE DISTRIBUTIONNELLE ET LA THÉORIE DE L'INFORMATION

La *théorie de l'information* analyse les énoncés en *unités de message, porteuses d'information*. Elle ne pouvait manquer de regrouper ses travaux avec l'analyse distributionnelle et cela a conduit à la mise en place de notions importantes dont nous donnons ici un très rapide aperçu.

Le vocabulaire de la communication est celui déjà rencontré dans le schéma de R. Jakobson (cf. paragraphe 3.4.). Le *message* échangé par l'intermédiaire d'un *canal* renvoie à un *code commun*. L'*émetteur* procède donc à un codage de son message, le *récepteur* à un décodage. Dans le codage interviennent des MARQUES :

— Les marques du pluriel : écrit *les enfants* : les, -s
oral *lɛ-z-ãfã* : lɛ, -z-

— Le singulier sera au contraire considéré comme le cas *non-marqué :* d'où une grande économie de description.

— Les marques personnelles : écrit *je* chante
oral ʒə ʃɑ̃t : (ʒə)

— etc.

Durant l'émission du message, un certain nombre d'éléments peuvent venir le perturber : on les appelle des BRUITS. C'est pour éviter que ces bruits n'empêchent la compréhension du message que la langue se répète et propose une *reprise* des marques. On peut à cet égard noter des différences entre l'écrit et l'oral :

1 - Les enfants sont gais.
[le-z-ɑ̃fɑ̃ sɔ̃ gɛ]

2 - Les généraux sont loyaux.
[le ʒeneʀo sɔ̃ lwajo]

En 1 le pluriel est marqué quatre fois à l'écrit mais trois fois seulement à l'oral : [le, z , sɔ̃] ; en 2 le pluriel est marqué quatre fois à l'écrit et à l'oral. L'examen de semblables faits permet de constater qu'il existe une dissymétrie entre l'écrit et l'oral et que le nombre de marques à l'écrit est *toujours supérieur ou égal* au nombre de marques à l'oral.

Ce retour des marques à l'intérieur d'un groupe de mots s'appelle la REDONDANCE. Celle-ci n'est pas uniquement liée à la présence des bruits qui risquent de gêner l'échange de message : des contraintes imposées par le code peuvent aussi jouer, faisant alors de la redondance un facteur de cohésion de l'énoncé.

Nous avons emprunté nos exemples et les remarques qui les éclairent à Jean Dubois. Dans le premier tome de sa *Grammaire structurale du français* (cf. Dubois, 1965) vous pourrez trouver l'ensemble de l'analyse et une présentation complète des procédures de l'analyse distributionnelle.

8.8. CONCLUSION

NOUS NE SAURIONS TROP VOUS INCITER A BIEN APPRENDRE LA PRATIQUE DE L'ANALYSE DISTRIBUTIONNELLE. Des livres comme celui de J. Dubois vous offriront de nombreux sujets de réflexions et de multiples idées d'exercices. Vous vous apercevrez qu'elle peut très souvent se prolonger en classe, *dès le niveau élémentaire,* quand le chiffon, la craie, le papier et les ciseaux permettent les segmentations, les permutations et autorisent toutes les substitutions possibles.

Le tome 2 propose plusieurs exemples d'analyse distributionnelle. Il les commente, les compare aux autres approches, suggère des prolongements possibles. Voir : tome 2, 2.2., 4.3.3., 11.1., 11.2., 17.2., 17.3.3.

⁂

PROPOSITIONS D'EXERCICES

1 - Distinguez les différents types de monèmes de l'énoncé suivant :

[ijɛʀnuzavɔ̃gaʀdelezɑ̃fɑ̃dnovwazɛ̃]

2 - Proposez une analyse des morphèmes de l'énoncé suivant :

[ilaʀsydysabdɑ̃lɛzjø]

La segmentation est-elle toujours possible ? Distinguez morphes et morphèmes.

3 - En utilisant les méthodes de l'analyse distributionnelle, essayez de rendre compte des morphèmes repérables dans les énoncés suivants :

[ʒə ʃɑ̃t , ʒə ʃɑ̃tɛ , ʒə ʃɑ̃tʀɛ
ʒə fini , ʒə finisɛ , ʒə finiʀɛ
ʒə vɛ , ʒ alɛ , ʒ iʀɛ]

4 - En étudiant les distributions de *nous* et de *vous*, vous direz si les deux unités peuvent être considérées comme les pluriels de *je* et de *tu*. Exemples pour amorcer le corpus :

- Nous irons vous voir.
- Pierre et moi, nous partons demain.

...

5 - Dans l'énoncé :

- Les grandes voiles blanches des bateaux sont hissées.

Vous montrerez comment se répartissent les marques du genre et du nombre dans le code écrit et vous noterez les différences avec le code oral.

6 - Dans les énoncés suivants, étudiez la distribution des unités soulignées :

Je cours — Il *me* regarde — C'est *moi* !
Je *me* lave — Il *me* l'a donné, à *moi.*
Je le dis sans peur, *moi.* — Vous *me* dites ça, à *moi* !

□ *Voir en fin de volume les commentaires des exercices proposés.*

9. l'analyse de la phrase : débats

Nous avons déjà approché les phonèmes et les morphèmes. A chacune de ces étapes nous avons essayé de montrer comment les diverses théories rendaient compte des problèmes. Ce chapitre sur la phrase sera l'occasion de nouveaux débats. Nous y retrouverons la grammaire traditionnelle, les linguistiques fonctionnelle et distributionnelle, et nous ferons un pas vers la grammaire générative qui nous occupera plus spécialement au prochain chapitre.

9.1. LES DÉFINITIONS TRADITIONNELLES DE LA PHRASE

La plupart de ces définitions se ramènent à un critère essentiel, celui de l'*autonomie* de la phrase :

— elle forme un tout sémantique qu'il est possible d'isoler ;

— il existe entre les divers éléments de la phrase une solidarité morpho-syntaxique qui se traduit par des accords, une mélodie...

Que la phrase forme un tout, c'est clair pour des énoncés comme :

- Il est défendu de se pencher à la portière.
- Allez Nantes !
- Le beaujolais nouveau est arrivé.

Cette même approche souligne aussi que ces suites sont des phrases :

- Sortie de secours.
- Hé ! Paul !

Mais elle ne lève pas toutes les difficultés :

- Il n'est pas là.

L'autonomie de cette phrase est restreinte par la présence du *il* qui renvoie au contexte.

- L'ascenseur brille sur la décision.

Cette phrase est aussi correctement organisée que :

- Le soleil brille sur la baie.

Pourquoi ne peut-elle être acceptée ?

Des suites informes, comme :

- Moi venir toi voir demain.

Ou réduites comme :

- Arrive demain train 6 heures.

sont signifiantes et autonomes. Forment-elles des phrases ?

Définir la phrase comme un tout sémantique ne suffit donc pas à lever toutes les difficultés et quand cela serait, il resterait à dire ce qu'est ... un tout sémantique !

9.2. LE POINT DE VUE LOGIQUE (AU SENS PHILOSOPHIQUE DU TERME)

Ce point de vue remonte à l'Antiquité. Sous des appellations diverses il aboutit à saisir dans les phrases deux éléments :

— Le THÈME : ce dont on parle.
— Le PRÉDICAT : ce qu'on en dit.

En français, dans de nombreux cas, le thème se superpose au sujet grammatical :

- Le soleil brille.
  T *P*

Mais ce n'est pas toujours le cas :

- Ce type quel raseur !
  T *P*

- Paul, il va entendre parler du pays !
  T *P*

Le point de vue logique fait correspondre l'organisation de la phrase à l'organisation logique de notre pensée. L'une des expressions les plus achevées de cette démarche se trouve dans la *Grammaire Générale et Raisonnée* de A. Arnauld et C. Lancelot parue en 1660 et dite *Grammaire de Port-Royal :*

- Notre esprit est capable de trois opérations : *concevoir* (des catégories thématiques ou prédicatives), *juger* (associer un thème et un prédicat dans une organisation sujet/prédicat), *raisonner* (combiner deux jugements pour aboutir à un troisième...).

- Le point de départ est donc une analyse d'ordre philosophique sur les opérations de la pensée et *la phrase apparaît comme le lieu où s'associent un thème et un prédicat.*

- Dès lors, la phrase s'analyse selon le schéma fondamental thème-prédicat :

L'âme est immortelle.
Dieu aime les hommes (= Dieu est aimant les hommes).

Le mentalisme de la démarche a fait que le structuralisme ne tient pas compte de ces analyses, mais elles ont été remises à l'ordre du jour par les théoriciens de la grammaire générative, comme nous le verrons.

9.3. L'ANALYSE DE LA LINGUISTIQUE FONCTIONNELLE

9.3.1. La procédure suivie par A. Martinet (E.L.G. chapitre 4)

Soit l'énoncé :

- Les enfants du voisin jouent dans le jardin.

Si « on appelle EXPANSION tout élément ajouté à un énoncé qui ne modifie pas les rapports mutuels et la fonction des éléments préexistants » (E.L.G., 4-30), on voit que l'énoncé comporte deux expansions : *du voisin* et *dans le jardin.* On peut donc le ramener à :

- Les enfants jouent.

Ce syntagme ne peut plus être réduit. C'est un SYNTAGME PRÉDICATIF (E.L.G., 4-24).

Souvenez-vous de la double articulation : l'expérience humaine à communiquer s'articule en un premier niveau d'unités, celles de la première articulation (les monèmes). On peut certes imaginer des cas où cette articulation s'exprime par une seule unité :

- Sortie.
- Allez !
- Allô ?

Mais en dehors de ces messages, le français use d'un ensemble à deux unités :

1 - L'expression du message proprement dit : le *prédicat.*

2 - Un monème qui permet à ce prédicat de former une phrase ; ce *monème* est dit ACTUALISATEUR (E.L.G., 4-25).

Le terme d'*actualisation* peut être pris au sens habituel : rendre actuel, rendre vivant en quelque sorte. Les unités (comme les pièces détachées accrochées à la panoplie) sont actualisées par leur mise en rapport à l'intérieur du syntagme prédicatif (comme les pièces sont actualisées par leur assemblage en un moteur).

On aura donc des répartitions de ce genre :

C'est		la vie !
Actualisateur	+	*prédicat*

Actualisateur → monème → permet de former une phrase ex : ce
prédicat → expression de la phrase

Mais le plus souvent, dans une langue comme le français (langue à sujet), ces deux unités conduisent à un ensemble :

Le soleil		brille
Sujet	+	*Prédicat*

Dans les langues sans sujet, l'expression sera différente et une seule unité pourra parfaitement exprimer le prédicat actualisé.

9.3.2. Remarque

Cette reconnaissance de *deux* éléments à l'intérieur de la phrase ne doit pas conduire à penser qu'on retrouve tout simplement le couple *thème + prédicat.* Celui-ci résulte d'une analyse *logique* alors que la démarche qui précède, procède d'une analyse des rapports *fonctionnels* au niveau de la première articulation.

De plus, le thème et le prédicat sont hiérarchiquement symétriques, alors que le prédicat défini par A. Martinet est le monème essentiel du syntagme prédicatif, « le monème central de l'énoncé » (E.L.G., 4-26). Enfin, pour l'analyse logique toutes les langues renvoient à l'organisation sous-jacente *thème + prédicat,* alors que l'auteur des E.L.G. insiste sur les différences entre les langues.

On mesure les différences et le débat ouvert sur ces points. L'utilisation de vocabulaires presque semblables ne doit pas faire illusion.

9.3.3. Définition de la phrase

Ayant défini le SYNTAGME PRÉDICATIF, A. Martinet distingue deux types d'EXPANSION (E.L.G., 4-30 et sv.).

1 - L'*expansion par coordination,* qui est de telle nature que l'énoncé reste identique en structure à la phrase d'origine si on supprime l'élément initial et la marque de l'expansion, pour ne conserver que celle-ci :

- Je mange du pain et du beurre.

L'expansion *et du beurre* est coordonnée à *du pain* puisque je peux supprimer l'élément initial *du pain* et la marque de l'expansion *et* pour aboutir à la phrase :

- Je mange du beurre.

Laquelle est identique en structure à :

- Je mange du pain.

2 - L'*expansion par subordination,* où l'élément ajouté a une fonction distincte de l'élément qui le reçoit :

- Je mange.
- Je mange du pain.
- Je mange du pain beurré.

Les expansions sont susceptibles de s'ajouter à n'importe lequel des éléments déjà en place :

- Les enfants s'amusent.
- Les enfants de l'école s'amusent à la récréation.
- Les enfants de l'école maternelle s'amusent à la récréation de 10 h.
- etc.

Vous pouvez noter que la notion d'expansion recouvre et unifie des fonctions très diverses de la grammaire traditionnelle : épithète, complément de nom, complément de verbe, subordonnée, coordination...

Vous pouvez aussi noter que toute cette démarche dégage une hiérarchie entre :

— l'élément central essentiel (le prédicat),
— le monème actualisateur (le sujet),
— les expansions.

C'est d'ailleurs ainsi qu'on arrive à une définition de la phrase :

> *Sera appelé* PHRASE *tout énoncé dont tous les éléments se rattachent par expansion à un syntagme prédicatif unique* (E.L.G., 4-33).

9.3.4. La syntaxe structurale de L. Tesnière

Dans son livre *Eléments de syntaxe structurale* (Paris, Klincksieck, 1959, 672 p.), Lucien Tesnière cherchait aussi à analyser l'organisation hiérarchique de la phrase : il distinguait un *procès* (une action), des *actants* et des *circonstants* de ce procès. Une schématisation sous forme de ce qu'il appelait un *stemma* permet de rendre compte de l'analyse :

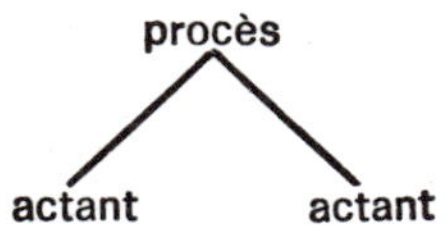

Les liens entre les divers éléments sont appelés des *connexions*. La structure de la phrase sera donc la hiérarchie de ses connexions, l'ensemble étant dominé par le procès (= le verbe, l'action).

Sans entrer dans le détail des analyses, détail qui permet de rendre compte de toutes les phrases, contentons-nous de deux stemmas simples :

1 - Pierre danse.
2 - Le petit garçon mange un gâteau.

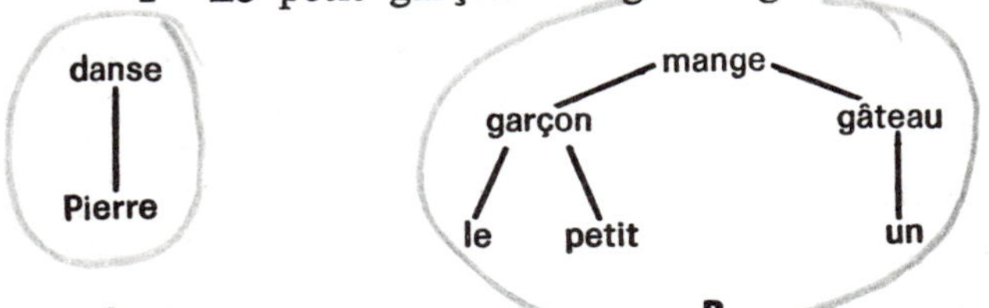

A **B**

La comparaison de *1* et de *A* (de *2* et de *B*), permet de distinguer dans l'organisation de ces phrases deux types d'ordre :

1, 2 - L'ordre *linéaire* qui est celui de la chaîne parlée, ordre à *une* seule dimension, celui de la matière brute de la parole : les sons placés les uns derrière les autres.

A, B - L'ordre *structural* qui est celui de l'organisation réelle de la phrase, ordre à *deux* dimensions dont le stemma offre la restitution.

Parler c'est « passer le stemma au laminoir » (*ouv. cit.*, p. 20), c'est l'obliger à n'avoir qu'une dimension. Comprendre une phrase, c'est au contraire la déployer, c'est passer du linéaire au structural.

On peut se demander pourquoi faire du procès le sommet de la phrase et placer le sujet et le complément sur le même plan ? Quelles raisons linguistiques justifient ce classement ?

Ici le débat se ramène à opposer deux types de schéma :

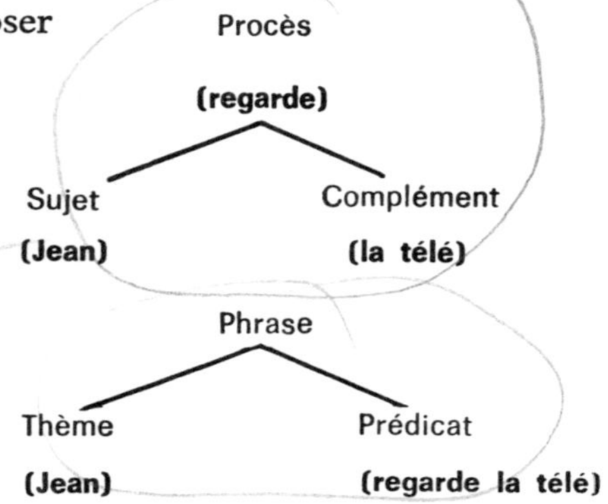

Les différences sont essentielles et il ne faut pas prendre un dessin pour l'autre. Toutes les démarches qui placent d'une manière ou d'une autre le verbe au centre (au sommet, au pivot...) de la phrase renvoient peu ou prou à la démarche fonctionnelle.

9.4. L'ANALYSE DE LA LINGUISTIQUE DISTRIBUTIONNELLE

9.4.1. Rappels et premières définitions

Vous vous souvenez des principes essentiels de l'analyse distributionnelle :

— relevé d'un *corpus*,

— rôle du *sens*,

— étude des *distributions* et classements qui en découlent.

Appliqués à la PHRASE, ces principes amènent à la définir comme *le lieu où se répartissent les distributions des éléments qui la composent, elle-même ne se distribuant dans aucune catégorie.* Elle est donc une sorte de limite de l'analyse.

Pour le moment, retenons que la phrase est une suite de segments, lesquels la composent en ce qu'on appelle parfois un macro-segment.

La phrase apparaît alors comme le déroulement unité après unité de tous les choix distributionnels.

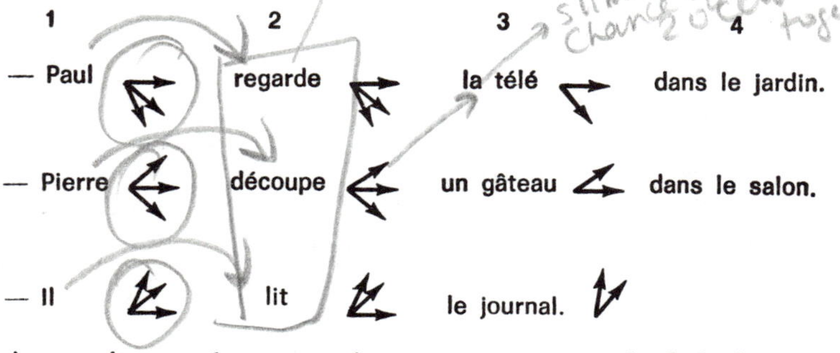

On s'aperçoit que les contraintes pour passer de 2 à 3 sont plus grandes que pour passer de 3 à 4. Mais ces contraintes étant connues, le locuteur peut émettre en usant des choix possibles un nombre important de phrases à partir de *modèles* uniques.

9.4.2. Chaînes de Markov, automates à ensemble fini d'états

Sur ce point, l'analyse distributionnelle rejoint certains aspects de l'étude des *quantités d'informations* (nous avons déjà abordé ce problème en 8.7.). Ces études amènent à préciser *les probabilités d'apparition d'une unité après telle ou telle autre unité.* C'est ainsi que les probabilités d'apparition de *regarde - découpe - lit* après *Pierre* sont égales. En revanche, la probabilité d'apparition de *la télé* après *découpe* est nulle (sauf irritation exceptionnelle du spectateur !).

L'analyse conduit donc à étudier les distributions et les contraintes distributionnelles d'éléments constitutifs de phrases. Le statisticien russe Markov (début du XXe) qui étudia de semblables probabilités d'apparition dans des suites de lettres a laissé son nom aux modèles ainsi définis.

Si l'on fait abstraction des probabilités, la production d'une phrase peut se schématiser comme ci-dessous, en ce qu'on appelle aujourd'hui un AUTOMATE A ENSEMBLE FINI D'ÉTATS :

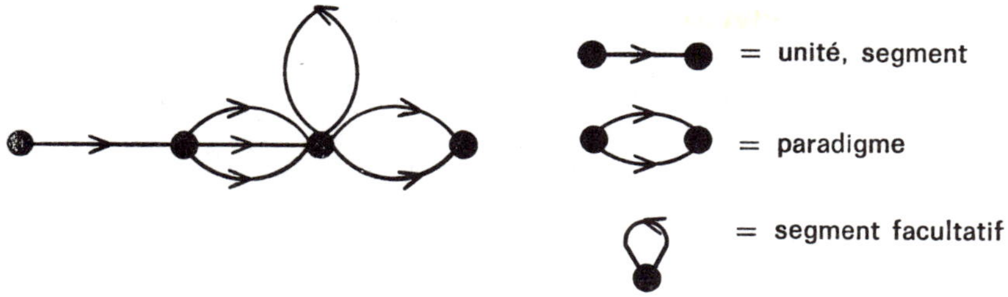

Exemple d'application :

	lit		
			le journal
Paul	regarde	(souvent)	
			ses cahiers
	parcourt		

D'où les productions possibles :

P1 - Paul lit le journal.
P2 - Paul lit souvent le journal.
P3 - Paul regarde ses cahiers.
P4 - Paul regarde souvent ses cahiers.
- etc. (12 phrases)

et aussi

P5 - Paul regarde souvent, souvent, souvent, souvent...

Ce modèle initial permet donc de produire un grand nombre de phrases. Le rendement est satisfaisant. Mais cette analyse n'envisage la phrase que comme une suite d'unités probabilisées les unes par rapport aux autres. Cela ne suffit pas à épuiser l'idée pratique que nous pouvons avoir de la phrase : globalité et organisation hiérarchique interne. C'est pourquoi il permet la phrase P5.

9.5. L'ANALYSE EN CONSTITUANTS IMMÉDIATS

9.5.1. Principes

C'est pour répondre à ce sentiment de hiérarchie interne que la linguistique distributionnelle a, dès Bloomfield, élaboré l'analyse en CONSTITUANTS IMMÉDIATS *(immediate constituents)*. Dans *Le Langage,* L. Bloomfield expose les principes de cette démarche et ce sont ces principes que nous paraphrasons ici.

Un locuteur français qui entend :

- Les enfants regardent la télé.

perçoit dans cette phrase une organisation à deux composants : *les enfants* et *regardent la télé.* Ces composants sont appelés les *constituants immédiats* (C.I.) de la phrase. Eux-mêmes comportant des constituants immédiats : *les* et *enfants, regardent* et *la télé.*

Cette analyse retrouve la distinction *thème-prédicat* mais par une procédure qui n'est plus notionnelle !

— *les enfants* peut être commuté avec *Paul,*
— *regardent la télé* peut être commuté avec *dansent,*
— avec quoi commuter — *enfants regardent* — ou encore *regardent la ?*

Une telle analyse consiste à dégager NIVEAU PAR NIVEAU, *l'organisation* HIÉRARCHISÉE de la phrase. *Chaque unité du niveau inférieur étant appelée* CONSTITUANT IMMÉDIAT *du niveau supérieur :*

— *les* et *enfants* sont les C.I. de *les enfants ;*

— *les enfants* et *regardent la télé* sont les C.I. de la phrase.

9.5.2. Les classes syntagmatiques

Par confrontation de phrases permettant l'apparition des commutations possibles, on dégage peu à peu des ensembles de c.i. regroupés en ce qu'on appelle des CLASSES SYNTAGMATIQUES. Une grammaire ainsi élaborée s'appelle une GRAMMAIRE SYNTAGMATIQUE.

9.5.3. Ecriture des règles syntagmatiques

Dans une telle grammaire, les règles grammaticales sont susceptibles de connaître une écriture systématique :

1 - Toute phrase (P) peut s'analyser en *deux constituants immédiats ;* un SYNTAGME NOMINAL (S N) et un SYNTAGME VERBAL (S V). Le choix de ces deux mots : *nominal* et *verbal,* est parfaitement arbitraire et ne sous-entend rien de notionnel.

2 - Toute phrase peut s'analyser comme une suite CONCATÉNÉE de constituants, c'est-à-dire un enchaînement de constituants. Le signe de la CONCATÉNATION est +. Il ne faut pas confondre ce signe avec le + de l'addition. Il s'agit non pas d'une somme, mais d'une concaténation, d'un assemblage ordonné, d'un enchaînement ordonné.

On a donc :

$$P = SN + SV$$

(= signifie *est composé de..., est constitué de...*)

REMARQUE

Il faudra bien distinguer ces règles du type A = B des règles du type A → B (→ *se réécrit*) que nous présenterons dans le prochain chapitre (10.2.10). Les premières sont des règles *descriptives* de *phrases réalisées.* Les secondes sont des *consignes de réécriture* des *structures* de phrase. Certains livres ou manuels utilisent la flèche même dans le premier cas : ce n'est pas grave s'il est clairement précisé qu'on ne se situe pas en grammaire générative.

9.5.4. Schématisation de l'analyse en C.I.

Une telle analyse peut se représenter sous diverses formes schématiques.

On peut imaginer un système de PARENTHÈSES :

(((le) (garçon)) (((regard) (ait)) ((la) (télé))))

On peut aussi utiliser ce qu'on appelle une BOÎTE DE HOCKETT (du nom du linguiste américain) :

<table>
<tr><td rowspan="2">le</td><td rowspan="2">garçon</td><td>regard</td><td>ait</td><td>la</td><td>télé</td></tr>
<tr><td colspan="2">regardait</td><td colspan="2">la télé</td></tr>
<tr><td colspan="2">le garçon</td><td colspan="4">regardait la télé</td></tr>
<tr><td colspan="6">le garçon regardait la télé</td></tr>
</table>

On peut enfin, et c'est sûrement la représentation la plus pratique, dessiner l'INDICATEUR SYNTAGMATIQUE de la phrase, ce qu'on appelle un ARBRE (en anglais *phrase-marker*) :

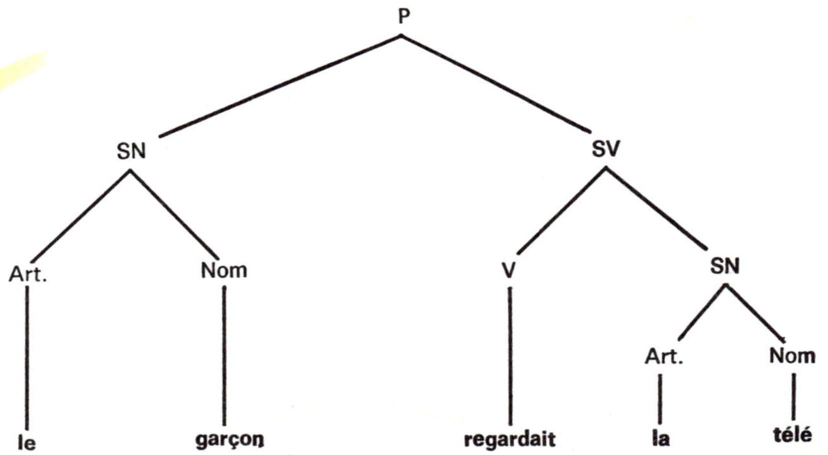

9.5.5. Pour conclure sur ce point

L'analyse en c.i. donne donc de la phrase une vision hiérarchisée d'éléments que la chaîne parlée présente en une simple successivité.

Mais n'anticipons pas, tout cela sera repris plus en détail dans le prochain chapitre.

9.6. L'ANALYSE PROPOSÉE PAR E. BENVENISTE

E. Benveniste examine les problèmes de la phrase dans un article consacré aux *niveaux de l'analyse linguistique* (E. Benveniste, 1966, p. 119 et sv.).

Parmi les unités de la langue, la phrase possède des caractéristiques très particulières : « la phrase contient des signes mais n'est pas elle-même un signe » (*ouv. cit.*, p. 129). Elle ne peut se définir que comme un *prédicat*. De ce fait, elle se distingue nettement des autres unités :

— elle marque une limite dans l'analyse des niveaux : phonèmes/morphèmes/phrases// ;

— phonèmes et morphèmes sont dénombrables, les phrases ne le sont pas ;

— phonèmes et morphèmes peuvent être étudiés dans leurs distributions, les phrases n'ont pas de distribution.

Au total : « la phrase est l'unité du discours » (*ouv. cité*, p. 129). Cela signifie qu'avec la phrase, nous avons atteint le niveau supérieur de l'analyse du système de signes qu'est la langue. Au-delà nous entrons dans un autre domaine, celui du DISCOURS, c'est-à-dire celui des suites formées par les systèmes de signes que sont les phrases, celui des énoncés composés de phrases. A ce point, s'ouvre donc une nouvelle linguistique : l'*analyse du discours*. Elle représente l'une des branches avancées de la recherche contemporaine sur le langage, une branche riche de découvertes et de difficultés. Voir le chapitre 13 et, dans le tome 2, les paragraphes 10.3 et 10.4.

***

PROPOSITIONS D'EXERCICES

Vous appliquerez aux trois phrases proposées tous les modes d'analyses rencontrés dans ce chapitre :

1 - en indiquant le thème et le prédicat ;
2 - en distinguant le syntagme prédicatif et les expansions ;
3 - en dessinant le stemma de chaque phrase ;
4 - en plaçant chaque phrase dans une boîte de Hockett convenable ;
5 - en dessinant l'arbre représentatif de chaque phrase.

- Le vent courbe les blés.
- J'ai acheté une nouvelle voiture.
- Le fils de mon frère adore la musique moderne.

□ *Voir en fin de volume les commentaires des exercices proposés.*

10. la grammaire générative

10.1. CHRONOLOGIE

« Chronologiquement, le structuralisme a précédé le générativisme, comme on dit que Gédéon a précédé Abimelech. Le générativisme est le dernier surgeon de la branche américaine du structuralisme. En dépit de ce qui les sépare, N. Chomsky prolonge Z. Harris qui lui-même se rattache à L. Bloomfield » (R.-L. Wagner, 1973, p. 68).

C'est bien de chronologie qu'il s'agit et le « dernier surgeon » (Chomsky) n'avait pas pour but d'empêcher le précédent surgeon (Harris) de poursuivre sa croissance, c'est-à-dire ses recherches. Nous reviendrons sur ce point en traitant les transformations (chapitre 11).

REMARQUE.

Les termes et les symboles utilisés par les générativistes ne sont pas toujours identiques : celui-ci usera de S V (syntagme verbal) où celui-là écrira S P (syntagme prédicatif), etc. Pour simplifier l'exposé, nous avons adopté une nomenclature qui ne prétend évidemment à aucune originalité d'analyse et qui n'a d'autre but que vous permettre de bien saisir l'essentiel afin de pouvoir, demain, plonger dans le détail.

10.2. APPROCHES THÉORIQUES, DÉFINITIONS

10.2.1. Les points de départ

Bien que prolongeant les hypothèses des écoles antérieures, la grammaire générative s'en distingue nettement. En particulier, N. Chomsky met l'accent sur le POUVOIR CRÉATEUR DU LANGAGE et pose en quelque sorte deux questions préalables :

1 - Comment expliquer qu'un locuteur reconnaisse immédiatement comme appartenant ou non à sa langue une phrase donnée ? Et quelles sont les nuances de cette appartenance ?

Ainsi tout locuteur français acceptera P1, mais repoussera pour des raisons différentes P2 et P3 :

P1 - Le beaujolais nouveau est arrivé.
P2 - Le beaujolais nouveau sont là.
P3 - Un circonflexe pressé a disserté.

2 - Comment expliquer qu'un locuteur produise, ou comprenne une phrase qu'il n'a jamais entendue, ni produite, auparavant ?

A ces questions, qui soulignent le pouvoir créateur du langage, les générativistes jugent que les linguistiques antérieures n'ont pas répondu d'une manière satisfaisante. Il faut donc aller plus loin.

Dès le début de son *Introduction à la Grammaire Générative*, Nicolas Ruwet explique que la linguistique peut désormais quitter le stade de la *taxinomie* pour élaborer des *modèles* de la *compétence* des sujets parlants. La généralité déjà présente dans les modèles étant encore accrue par l'hypothèse des *universaux du langage* et la *formalisation* radicale des grammaires. Reprenons chacun de ces termes.

10.2.2. Le stade taxinomique et le stade des modèles

Pour les générativistes, la linguistique distributionnelle correspond encore à un stade de la linguistique qui est TAXINOMIQUE (= classification des formes vivantes). Toutes les sciences passent par ce stade. Il consiste en une période d'observation et d'accumulation des faits, ceux-ci étant reconnus, classés, répertoriés.

Mais à partir d'un certain temps, la somme des connaissances enregistrées devient telle qu'une seconde étape se présente : aller au-delà de la collection de faits, apprécier les lignes esquissées par les premiers rapprochements classificatoires pour découvrir les relations profondes, les *modèles généraux* (cf. N. Ruwet, *ouv. cité*, p. 11 et sv.).

Au-delà des multiples remarques accumulées par les grammaires empiriques, traditionnelles ou structurales, les générativistes proposent d'en arriver au stade des modèles rendant compte de la compétence linguistique des locuteurs.

10.2.3. La compétence et la performance

Le sujet parlant a accès à toutes les phrases de sa langue. Comment expliquer qu'il puisse comprendre une phrase jamais rencontrée auparavant ?

La première réponse possible souligne l'*analogie* des constructions et renvoie à une analyse semblable à celle des démarches distributionnelles. Soit les deux phrases :

P1 - Le beaujolais nouveau est arrivé.
P2 - Mon travail est fini.

On peut n'avoir jamais rencontré P2 et cependant la comprendre parce que sa construction est analogue à celle de P1 qu'on a toutes les chances de connaître ! La réponse convient pour de nombreuses phrases et la mémorisation d'un certain nombre de modèles (du type *chaînes de Markov*) permet effectivement de rendre compte de ces reconnaissances analogiques.

Mais N. Chomsky fait remarquer que : « La répétition des phrases est exceptionnelle ; l'innovation, accordée avec la grammaire de la langue, est la règle de la performance ordinaire de chaque jour. (...) On ne saurait guère prendre au sérieux la conception qui voudrait que le locuteur ait un fond « d'agencements » *(patterns)* dans lesquels il insérerait des mots ou des morphèmes » (N. Chomsky, 1966, p. 129).

On mesure ainsi qu'aux yeux des générativistes, l'hypothèse de modèles markoviens mémorisés (les *patterns*) ne peut rendre compte de la pratique quotidienne des locuteurs, ni de l'infinie variété des phrases possibles.

La question de savoir s'il existe réellement un *nombre infini de phrases* dans une langue donnée, ne doit pas être prise à la lettre. L'intérêt de la démarche est d'ordre méthodologique : critique des modèles insuffisants et élaboration de modèles plus généraux. « L'hypothèse selon laquelle les langues sont infinies n'a pour objet que d'en simplifier la description » (N. Chomsky, 1957, p. 27).

Ces remarques ne signifient pas que l'analogie n'a pas place dans le langage. De nombreuses constructions reposent sur elle et ces constructions manifestent elles aussi la créativité du langage :

- J'ai boi -u tout le lait que j'avais prendu (G., 5 ans).

De telles créations, ici tâtonnements d'enfant, ailleurs unités réellement insérées dans la langue, reposent bien sur des séries analogiques. Mais elles ne rendent pas compte du pouvoir créateur du langage au niveau qui convient :

1 - Celui qui met en relief la capacité implicite de chaque sujet parlant à produire ou comprendre les phrases de sa langue ;
2 - Quand chaque acte de parole se présente comme créateur par rapport à la langue (au sens saussurien des deux termes mais avec le mot *créateur* en plus) ;
3 - En un mot le niveau qui fonde l'originalité absolue du langage humain :

« Le lieu où s'exprime la différence essentielle entre l'homme et l'animal est le langage humain et en particulier la capacité qu'a l'homme de former de nouveaux énoncés qui expriment des pensées nouvelles adaptées à des situations nouvelles » (N. Chomsky, 1966, p. 19). Un peu plus loin dans le même livre, N. Chomsky cite un grammairien du XVIIe siècle, Cordemoy, lequel commente ainsi les opinions de Descartes sur le langage : « Parler n'est pas répéter les mesmes paroles dont on a eu l'oreille frappée mais... c'est en proférer d'autres à propos de celles-là » (p. 26).

Cette capacité s'appellera la COMPÉTENCE LINGUISTIQUE DU SUJET PARLANT, et l'accomplissement de cette compétence s'appellera la PERFORMANCE (*to perform* = accomplir, rien à voir avec le sens sportif !).

10.2.4. Compétence-performance / langue-parole

Contrairement à ce que vous pourriez croire à première vue, la distinction *compétence/performance* ne recouvre pas la distinction *langue/parole.*

La *langue* était envisagée dans le C.L.G. comme un fait collectif, un trésor dans lequel la *parole* puisait en quelque sorte. La *compétence* s'envisage au contraire du point de vue du sujet parlant ; elle est ce qui permet le fonctionnement d'un système de règles ; c'est un fait psychologique inconscient pour une large part ; c'est la capacité de passer à la *performance.*

10.2.5. La grammaticalité

L'expression *comprendre toutes les phrases de sa langue* doit être prise au sens strict. Elle suppose que parmi toutes les suites possibles, la compétence permet de distinguer celles qui sont ACCEPTABLES dans la langue considérée et celles qui ne le sont pas. Ainsi :

P1 - Le beaujolais nouveau est arrivé.
P2 - * Le beaujolais nouveau sont là.
P3 - J'aimerais que tu me répondes.
P4 - * J'aimerais que je te réponde.

P2 et P4 sont dites AGRAMMATICALES (*) (1) et la compétence linguistique d'un locuteur français les écarte de l'ensemble des séquences possibles.

Il ne faut pas confondre l'agrammaticalité et les problèmes de sens :

P5 - Le soleil brille sur la baie.
P6 - L'ascenseur brille sur la décision.

P6 est grammaticalement formée comme P5 mais ne possède aucun sens. Il y a bien sûr des rapports entre la grammaticalité d'une phrase et sa signification mais pour la clarté des critères il convient de distinguer ce qui est *agrammatical* de ce qui est *non-signifiant.* Les phrases *acceptables* sont à la fois *grammaticales* et *signifiantes.*

En abordant la *composante sémantique* du langage, la grammaire générative veut rendre compte de la non-signification de P6 en termes d'agrammaticalité, mais nous entrons là dans des recherches trop présentes pour être exposées dans une initiation. Nous verrons cependant un peu plus loin, comment les règles dites de dépendance contextuelle esquissent la démarche.

10.2.6. L'intuition

La décision de grammaticalité est soumise au jugement du locuteur. Pour que son INTUITION soit acceptable, il faut que la langue considérée soit sa langue maternelle.

(1) L'astérisque est le signe conventionnel de cette agrammaticalité.

Même en tenant compte de cette précaution, le recours à l'intuition reste discuté. Les jugements des locuteurs peuvent varier dans le temps, en fonction de critères socio-culturels, ou tout simplement de l'impression du moment. La lecture des ouvrages des générativistes laisse parfois le lecteur perplexe quant à l'agrammaticalité de telle ou telle phrase frappée du signe fatal de l'astérisque. Ces réserves faites, on observera que le recours à l'intuition est un recours à la compétence linguistique du sujet : il s'avère donc légitime à l'intérieur de la démarche.

10.2.7. Remarque : critiques du behaviorisme

La place laissée à l'intuition marque une rupture importante avec les analyses behavioristes. Nous avons vu que celles-ci situaient le sens dans l'environnement des échanges linguistiques (cf. 8.4.4.), ici, le sujet parlant reprend place dans son langage et, d'une certaine manière, *le sens lui est rendu.*

La même critique peut être faite à propos des théories behavioristes de l'acquisition.

Le langage y est tenu pour une réponse à des stimulus donnés. Dès lors son apprentissage suppose que l'enfant prenne conscience du rapport entre les stimulus et les réactions verbales et qu'il apprenne ces réactions verbales par imitation-répétition (écholalie) de ce que lui propose son entourage. « Il acquiert ainsi, comme de force, une langue à l'élaboration de laquelle il ne prend pour ainsi dire aucune part » (R.-L. Wagner, 1973, p. 114).

La critique de R.-L. Wagner rejoint celles de ceux qui refusent une théorie assimilant l'apprentissage à une sorte de dressage, dressage dont les effets peuvent être accélérés par des techniques de renforcement. Dans sa critique des thèses du psychologue américain B.F. Skinner, N. Chomsky développe des arguments qui soulignent que le point de vue behavioriste néglige l'*aspect créateur du langage* et refuse de prendre en compte la *participation de l'enfant* à son apprentissage : « L'hypothèse que l'instruction et la transmission de l'information sont de simples affaires de conditionnement ne rime à rien. (...) Le refus d'étudier la contribution de l'enfant dans l'apprentissage du langage ne permet qu'une explication superficielle de l'acquisition du langage » (N. Chomsky, *Un compte rendu du* Comportement Verbal *de B.F. Skinner,* dans *Langages n° 16,* décembre 1969, Paris, Didier-Larousse, p. 28 et 49).

L'acquisition du langage ne peut reposer sur un conditionnement et une mémorisation comme le pense B.F. Skinner : « Il serait absurde de penser qu'un être humain puisse *mémoriser* un nombre infini d'énoncés qui constituerait son langage. (...). Ce n'est jamais en répétant en écholalie que l'enfant apprendra à « faire des phrases », c'est en IMITANT l'adulte. Or l'imitation n'est pas reproduction, l'imitation n'est pas une conduite passive, il ne s'agit pas d'une activité en miroir. L'imitation est une activité rendue possible par un POUVOIR DE CONSTRUCTION... » (L. Lentin, 1972, p. 95 et 54).

On peut au contraire penser que l'acquisition du langage correspond à un déploiement de la *compétence* du sujet, « ce qu'on appelle souvent maintenant l'INTUITION DE LA LANGUE ou si l'on veut *la faculté de discerner le correct de l'incorrect en matière syntaxique, de séparer ce qui appartient à la langue de ce qui ne lui appartient pas, ce qui est utilisable dans l'un ou l'autre registre du langage oral...* » (L. Lentin, 1972, p. 92).

Nous avions déjà envisagé ces questions dans un paragraphe consacré aux problèmes de l'acquisition (cf. 3.5.). C'est dans L'INTERACTION ENTRE L'ADULTE ET L'ENFANT que ce dernier apprend à parler. Cet échange verbal permet à l'enfant de faire les hypothèses et essais nécessaires. En revanche, les *exercices structuraux* correspondent à une programmation systématique de cet apprentissage, ils le ramènent à un simple problème de conditionnement, ils s'inscrivent de fait dans une perspective behavioriste (voir tome 2, 2.3.1.).

10.2.8. Une grammaire universelle ?

Dans ses postulats, la grammaire générative inscrit la possibilité d'élaborer une GRAMMAIRE UNIVERSELLE, *théorie grammaticale explicative des grammaires des langues particulières.*

Ce faisant, elle renoue avec des projets qui trouvaient place chez les grammairiens classiques (par exemple, la *Grammaire Générale et Raisonnée* de Arnauld et Lancelot, dite *de Port-Royal*, cf. 9.2) d'où, en partie, le titre d'un des ouvrages de N. Chomsky : *La linguistique cartésienne.*

Il faut souligner les différences entre les approches actuelles et celles du XVIIe siècle. Pour les grammairiens logiciens de l'époque, les formes de la pensée, en s'imposant à l'esprit humain, s'imposaient certes à toutes les langues, mais ces formes se trouvaient définies par rapport au français posé comme langue modèle. Sans nier la richesse et la beauté du français classique, on ne peut plus suivre une telle démarche dont l'erreur est semblable à celle des grammairiens grecs qui voyaient dans leur langue le modèle de toute langue, La Langue.

L'hypothèse d'une grammaire universelle a cependant été réintroduite par les générativistes. Les ressemblances entre les diverses langues et, plus profondément les éléments *inconscients* qui permettent l'acquisition du langage chez l'être humain, sont les esquisses de ce qu'on appellera les UNIVERSAUX DU LANGAGE.

On voit que cette question conduit à examiner les rapports qui existent entre la pensée et le langage. L'étude de ces problèmes remonte aux origines de la réflexion humaine. On peut croire que les travaux de demain jetteront quelques lumières sur ce qui demeure aujourd'hui presque totalement inconnu (Voir 3.5, 4.7, 13.3).

10.2.9. Mais qu'est-ce qu'une grammaire ?

Faisons le point : « La compétence linguistique du sujet s'exprime dans ses performances. Etudier cette compétence c'est construire la grammaire de la langue considérée ; l'objectif fondamental de l'analyse linguistique d'une langue L est de séparer les suites grammaticales qui sont des phrases de L, des suites agrammaticales qui ne sont pas des phrases de L, et d'étudier la structure des suites grammaticales. LA GRAMMAIRE DE L SERA AINSI UN MÉCANISME ENGENDRANT TOUTES LES SUITES GRAMMATICALES DE L ET AUCUNE DES SUITES AGRAMMATICALES ». (N. Chomsky, 1957, p. 15, dernière phrase soulignée par nous.)

Ne vous méprenez surtout pas sur le mot *mécanisme :* il renvoie à la *grammaire* et pas à la *compétence.* La distinction est essentielle car parler de *mécanisme* pour la *compétence* serait réintroduire, peu ou prou, les structures mémorisées du type *chaînes de Markov* ou *patterns.* Une telle analyse conduirait donc à gommer sans y prendre garde ce qui fait l'originalité propre de la grammaire générative : concevoir le langage comme création à partir d'une *compétence* ou même, plus exactement, comme *création dans et avec une compétence.*

La grammaire conçue comme mécanisme générateur des phrases grammaticales ne prétend pas rendre compte, comme en un ralenti, de démarches intellectuelles ultra-rapides. Le problème n'est pas de vitesse et la *compétence* ne peut être définie comme une grammaire instantanée. Encore une fois elle est *création.*

Il ne s'agit donc plus de décrire des phrases déjà formées, assemblées dans un corpus et encore moins de juger de leur conformité à une norme socio-linguistique. Il s'agit de décrire les processus de production des phrases grammaticales de L tout en fournissant une description de ces phrases. Pour répondre à ces intentions, la grammaire doit être EXPLICITE ou FORMELLE.

10.2.10. Grammaire explicite ou formelle

Le mot *formel* a, en linguistique, au moins deux sens.

Dans le premier, *formel* s'oppose à *mentaliste.* Une grammaire formelle sera une grammaire qui échappe aux analyses mentalistes. De ce point de vue, l'analyse distributionnelle est formelle.

Dans le second sens, FORMEL s'oppose à *non formalisé.* Est FORMALISÉ ce qui est écrit sous la forme d'une suite de règles quasi-mathématiques permettant l'enchaînement logique des démonstrations à partir des postulats. Ces règles seront de la forme des RÈGLES SYNTAGMATIQUES (cf. 9.5.3.) :

$$X \rightarrow Y$$

où le signe → se lit comme *consigne de réécrire Y pour X.*

EXEMPLE.

Soit la grammaire G1 comportant les six règles suivantes :

R1. P → SN + SV
(PHRASE se réécrit SYNTAGME NOMINAL + SYNTAGME VERBAL)
R2. SN → D + N
(*Syntagme Nominal* se réécrit *Déterminant* + *Nom*)
R3. SV → V
(*Syntagme Verbal* se réécrit *Verbe*)
R4. D → *le*
R5. N → *train*
R6. V → *arrive*

Nous vous rappelons que le signe + n'est pas celui de la somme, mais de la CONCATÉNATION : *enchaînement ordonné* (cf. 9.5.3.).

Cette grammaire G1 permettra de décrire et de produire :

P1. Le train arrive.

et cela par application successive des règles 1 à 6 :

— P
— application de R1 à P : *SN* + *SV*
— application de R2 à SN : *D* + *N* + SV
— application de R3 à SV : D + N + *V*
— application de R4 à D : *le* + N + V
— application de R5 à N : le + *train* + V
— application de R6 à V : le + train + *arrive*

D'autres regroupements comme :

P2. * Arrive train le.
P3. * Train arrive le.
P4. * Train le arrive.

sont agrammaticaux.

De même :

P5. * Arrive le train

est agrammatical dans la grammaire G1.

Certes, à présenter les choses ainsi (6 règles pour 1 phrase), le lecteur doit déjà se palper la tempe d'un index dubitatif et nous le comprenons. Mais qu'il comprenne à son tour que cet enchaînement en apparence complexe vise à décrire un mécanisme cohérent de production de P1. Un étranger ignorant totalement notre langue pourra, par simple application des instructions R1 à R6, produire P1 et écarter P2, P3, ou P4.

Cet étranger pourrait être un ordinateur, engin qui aime qu'on lui parle lentement puisqu'il n'est capable d'enregistrer que des opérations ultra-simplifiées, reposant toutes sur l'alternative + / —. Ce n'est pas un hasard si les travaux de certains générativistes procèdent de leurs contacts difficiles avec des machines à traduire. Et puisque nous parlons d'ordinateur, nous pourrons reprendre la distinction soigneusement précisée entre une grammaire-mécanisme et la compétence linguistique qui l'active. L'ordinateur peut posséder la première, seul l'homme est capable de la seconde.

Ajoutons que P1, bien que simple, peut être niée de deux manières :

1 - Ce n'est pas le train qui arrive.
2 - Le train n'arrive pas.

Elle comporte donc deux affirmations :

1 - C'est le train.
2 - (Il) arrive.

et la concaténation représentée par le signe + (SN + SV) rend compte de cela.

10.2.11. Pour conclure sur ces généralités

Dans une langue donnée, le grammairien a donc pour tâche d'expliquer la *compétence linguistique du locuteur* en élaborant *une grammaire* qui soit :

— un ensemble de règles *formalisées,*

— un système de *description* des phrases formées,

— un système de *formation* des phrases décrites.

On dit qu'une telle grammaire ENGENDRE les phrases de la langue et c'est ce type de grammaire qu'on appelle une GRAMMAIRE GÉNÉRATIVE.

Pour élaborer une telle grammaire, il faut procéder en deux temps et envisager successivement le NIVEAU SYNTAGMATIQUE puis les TRANSFORMATIONS. Nous allons voir maintenant le premier niveau ; le second fera l'objet du chapitre 11.

10.3. LA GRAMMAIRE GÉNÉRATIVE : LE NIVEAU SYNTAGMATIQUE

10.3.1. L'analyse en constituants immédiats

L'analyse en *c.i.* telle que nous l'avons présentée dans notre chapitre sur la phrase, a comporté en fait trois moments. Avec L. Bloomfield, le principe des constituants s'élabore dans ses lignes principales. Puis l'analyse distributionnelle en propose une approche plus détaillée (cf. boîte de Hockett par exemple). Avec N. Chomsky enfin, la formalisation (au sens ci-dessus défini) est introduite tandis que les *indicateurs syntagmatiques* (arbres) visualisent nettement l'enchaînement des règles appliquées.

C'est donc tout particulièrement par rapport à ce type d'analyse que la grammaire générative prolonge le distributionnalisme et s'en distingue.

10.3.2. Vocabulaire

Nous avons déjà utilisé un modèle de grammaire générative (G1), mais avec six règles il ne produisait qu'une phrase ! Sa CAPACITÉ GÉNÉRATIVE était donc très faible. Travaillons sur un modèle ayant une meilleure capacité générative.

Soit la grammaire G2 :

R1. P → SN + SV
R2. SN → D + N (+ Adj.)
R3. SV → { V1 / V2 + SN }
R4. N → *voisine, chien, télé*
R5. D → *le, la*
R6. V1 → *dort*
R7. V2 → *regarde*
R8. Adj → *noir*

— L'élément P *(phrase)* est l'ÉLÉMENT INITIAL.

— Les éléments *le, la, voisin...* sont des ÉLÉMENTS TERMINAUX : ils sont toujours écrits à droite de la flèche.

— La *parenthèse* signifie que l'ÉLÉMENT (Adj.) est FACULTATIF.

— L'*accolade* signifie que SV peut se réécrire V1 OU V2 + SN.

10.3.3. Grammaire et contexte

Cette grammaire G2 permet d'engendrer les suites terminales :

P1. Le chien dort. (D + N + V1)
P2. Le chien regarde la télé. (D + N + V2 + D + N)
P3. Le chien noir dort. (D + N + Adj. + V1)
P4. Le chien noir regarde la télé. (D + N + Adj. + V2 + D + N)
P5. Le voisin dort. (D + N + V1)
P6. La voisine regarde le chien. (D + N + V2 + D + N)
etc.

Mais aussi :

P7. Le télé dort. (D+ N + V1)
P8. La chien dort. (D + N + V1)
P9. Le télé regarde le chien (D + N + V2 + D + N)

En effet, rien dans les règles de la grammaire G2 n'empêche de parvenir à des phrases comme P7, P8, ou P9. *Du point de vue de G2, ces phrases sont parfaitement grammaticales.* Une telle grammaire est dite INDÉPENDANTE DU CONTEXTE : aucune contrainte *née du contexte* ne s'impose aux règles, celles-ci s'appliquent, quel que soit le contexte. Même en français, il arrive souvent qu'on parle dans ce cas de GRAMMAIRE C.F. (CONTEXT-FREE = libre, indépendante à l'égard du contexte).

10.3.4. Grammaire dépendante du contexte

Si nous voulons une grammaire G interdisant des phrases comme P7, P8, ou P9, nous devons introduire dans les règles les informations nécessaires.

Soit la grammaire G3 :

R1.	P	→	SN + SV
R2.	SN	→	D + N (+ Adj.)
R3.	SV	→	{ V1 V2 + SN
R4.	N	→	{ N1 N2
R5.	D	→	{ D1 /— N1 D2 /— N2
R6.	N1	→	*chien*
R7.	N2	→	*télé, voisine*
R8.	D1	→	*le*
R9.	D2	→	*la*
R10.	V1	→	*dort*
R11.	V2	→	*regarde*

La DÉPENDANCE DU CONTEXTE se manifeste dans la règle R5. Après avoir distingué en R4 deux types de N (N1 ou N2), la concaténation D + N (de R2) demande à être précisée par l'introduction de deux types de D (D1 ou D2) fonctionnant chacun avec le N adéquat. D'où R5 :

R5.	D	→	{ D1 /— N1 D2 /— N2

Ce qui se lit : D se réécrit D1 DANS LE CONTEXTE (/) ou D PRÉCÈDE (—) N1, et D2 DANS LE CONTEXTE OU D PRÉCÈDE N2.

Dès lors :

- *Le télé* est agrammatical (D1 + N2)
- *La chien* est agrammatical (D2 + N1)

L'introduction de semblables règles affine considérablement la grammaire en prévoyant des contraintes contextuelles. Une telle grammaire G3 est dite GRAMMAIRE DÉPENDANTE DU CONTEXTE. Même en français, il arrive souvent qu'on parle de GRAMMAIRE C.S. (CONTEXT-SENSITIVE : compte tenu du contexte, dépendante ...).

Vous l'avez, bien entendu, remarqué : N1 correspond aux N masculins et N2 aux N féminins ; de même V1 = intransitifs, V2 = transitifs. Nous avons choisi les numéros pour souligner qu'il ne s'agit pas d'écrire autrement la grammaire traditionnelle, mais de faire paraître une grammaire différente.

Mais notre grammaire G3 autorise encore une phrase comme :

- La télé dort.

Si nous voulons interdire cette phrase, il faut encore introduire d'autres dépendances du contexte au niveau cette fois-ci des *traits lexicaux.*

10.3.5. Les traits lexicaux

La prise en compte des TRAITS LEXICAUX pour N1 et N2 donnerait quelque chose comme :

- *voisine* [+humain, +animé]
  (ce qui se lit : *humain, animé*)
- *chien* [—humain, +animé]
  (ce qui se lit : *non humain, animé*)
- *télé* [—humain, —animé]
  (ce qui se lit : *non humain, non animé*)

Il suffit dès lors de prévoir une règle :

R1O. V1 → *dort* / [+animé] —
(V1 se réécrit *dort* dans le contexte où *dort* suit un *animé*)

pour interdire, comme agrammaticale, la phrase :

- La télé dort. ([—animé] + [+animé])

et permettre des phrases grammaticales :

- La voisine dort. ([+animé] + [+animé])
- Le chien dort.

Le lecteur pourra toujours trouver des contextes où, en français, il sera possible d'admettre :

- La télé dort.

Par exemple dans le sens : *n'offre rien d'intéressant*. De même, les écrivains font éclater les traits lexicaux habituels et une unité [—animé] peut devenir [+animé] :

- L'océan soupire.

Ces phrases ne contredisent pas l'analyse : elles reposent sur une sorte d'écart rendu possible justement par les traits habituels.

10.3.6. La récursivité

Affinée par les différentes dépendances du contexte que nous venons de voir, la grammaire G3 n'en reste pas moins incapable d'engendrer une phrase plus longue que :

D + N + V2 + D + N
(le + chien + regarde + la + voisine)

Elle est en particulier incapable d'engendrer une phrase telle que :

- Le chien de la voisine dort.

Pour que cela soit possible, il faut introduire dans les règles de G3 une règle dite de RÉCURSIVITÉ. Soit la grammaire G4 :

R1. P → SN + SV

R2. SN → D + N (+ Adj.) (+ SP)

R3. SV → $\begin{cases} \text{V1} \\ \text{V2} + \text{SN} \end{cases}$

R4. N → { N1 / N2 }

R5. D → { D1 /— N1 / D2 /— N2 }

R6. SP → Prép. + SN

Comme vous le constatez, le groupe SP (SYNTAGME PRÉPOSITIONNEL) écrit à droite de la flèche en R2, apparaît à gauche de la flèche en R6, tandis que le SN suit le chemin inverse. R6 est une RÈGLE DE RÉCURSIVITÉ :

R6. SP → Prép. + SN

Ce qui se lit : *Syntagme Prépositionnel* se réécrit *Préposition* plus *Syntagme nominal.*

Une telle règle ouvre la possibilité d'engendrer des suites plus longues que D + N + V2 + D + N :

- SN : SN
- application de R2 à SN : *D + N + SP*
- application de R6 à SP : D + N + *Prép. + SN*
- application de R2 à SN : D + N + Prép. + *D + N + SP*
- application de R6 à SP : D + N + Prép. + D + N + *Prép. + SN*

etc.

D'où les suites du genre :

- Le chien de la voisine de nos amis de province...
- L'escalier de la cave de la maison de nos voisins...

dont les limites sont fixées par les seules limites de la compréhension du message, sans qu'il soit réellement possible de dire après combien de cas la récursivité doit cesser d'être appliquée :

(?) Le pied de la table de la salle de séjour du rez-de-chaussée de notre maison de campagne dans la région d'origine de ma femme...

est-elle une suite acceptable ou non ? Le signe (?) marque cette indécision. L'adjonction du SV *est cassé* aux diverses étapes permet de mesurer soi-même jusqu'où on pense pouvoir aller.

Si, au lieu du SN, on fait de P l'*élément récursif*, d'autres possibilités sont offertes. Ainsi :

R1. P → SN + SV

R2. SN → D + N (+ P)

R3. SV → { V1 / V2 + SN } (+ P)

ouvre l'énumération de suites comme :

SN + P + V+ P

10.3.7. Représentation en arbre

L'ARBRE n'est pas un simple dessin, il est en lui-même une analyse de la phrase considérée. Son nom précis d'INDICATEUR SYNTAGMATIQUE (en anglais *phrase-marker*) le souligne : il joue le double rôle de descripteur et de générateur de la phrase.

Nous donnons simplement deux exemples d'indicateurs syntagmatiques pour des phrases rencontrées dans le chapitre.

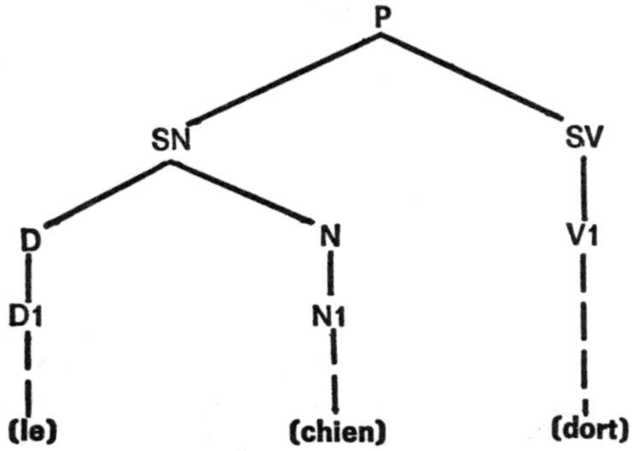

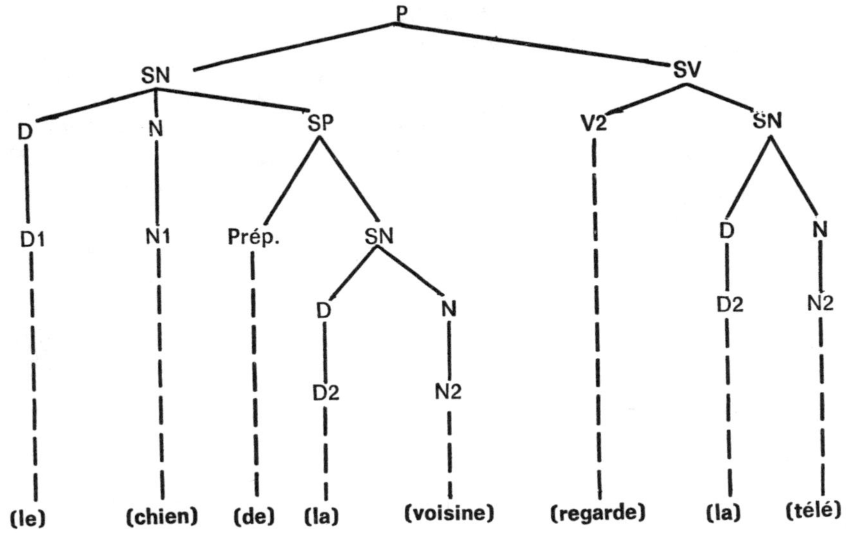

10.3.8. Résolution des ambiguïtés (exemple)

Soit la phrase : Paul lit un livre sur la table.

L'application d'une procédure formalisée rend compte de son ambiguïté en produisant pour chaque interprétation une description différente.

Soit la grammaire G5, sous-ensemble de la grammaire Gf du français :

$$\begin{array}{llll}
\text{R1.} & \text{P} & \rightarrow & \text{SN} + \text{SV} \; (+ \text{SP}) \\
\text{R2.} & \text{SN} & \rightarrow & \left\{ \begin{array}{l} \text{D} + \text{Ncommun} \\ \text{Npropre} \end{array} \right\} (+ \text{SP}) \\
\text{R3.} & \text{SV} & \rightarrow & \left\{ \begin{array}{l} \text{V1} \\ \text{V2} + \text{SN} \end{array} \right\} + (\text{SP}) \\
\text{R4.} & \text{SP} & \rightarrow & \text{Prép.} + \text{SN} \\
\text{R5.} & \text{D} & \rightarrow & \textit{un, la} \\
\text{R6.} & \text{Nc} & \rightarrow & \textit{livre, table} \\
\text{R7.} & \text{Np} & \rightarrow & \textit{Paul} \\
\text{R8.} & \text{V2} & \rightarrow & \textit{lit} \\
\text{R9.} & \text{Prép.} & \rightarrow & \textit{sur}
\end{array}$$

(Pour ne pas surcharger, nous n'avons retenu que les règles indispensables à l'énumération de la phrase étudiée et nous avons désigné G5 comme sous-ensemble de Gf, afin que toutes les règles de dépendance contextuelle soient implicitement prises en compte. Un tel raccourci serait inacceptable si nous élaborions vraiment Gf.)

Deux cas sont possibles :

PREMIER CAS.

1.	R1	réécrit	P	*SN* + *SV*
2.	R2	»	SN	*Np* + SV
3.	R3	»	SV	Np + *V2* + *SN*
4.	R2	»	SN	Np + V2 + *D* + *Nc* + SP
5.	R4	»	SP	Np + V2 + D + Nc + *Prép.* + *SN*
6.	R2	»	SN	Np + V2 + D + Nc + Prép. + *D* + *Nc*

A ce stade, l'application des règles R5, R6, R7, R8 et R9 permet d'obtenir la suite :

A. (*Paul* + *lit* + *un* + *livre* + *sur* + *la* + *table*)

dont l'indicateur syntagmatique est l'arbre A de la page 117.

SECOND CAS.

1.	R1	réécrit	P	*SN* + *SV* + SP
2.	R2	»	SN	*Np* + SV + SP
3.	R3	»	SV	Np + *V2* + *SN* + SP
4.	R2	»	SN	Np + V2 + *D* + *Nc* + SP
5.	R4	»	SP	Np + V2 + D + Nc + *Prép.* + *SN*
6.	R2	»	SN	Np + V2 + D + Nc + Prép. + *D* + *Nc*

L'application des règles R5 à R9 permet d'obtenir la suite :

B. *(Paul* + *lit* + *un* + *livre* + *sur* + *la* + *table)*

dont l'indicateur syntagmatique est l'arbre B de la page 117.

ARBRE A

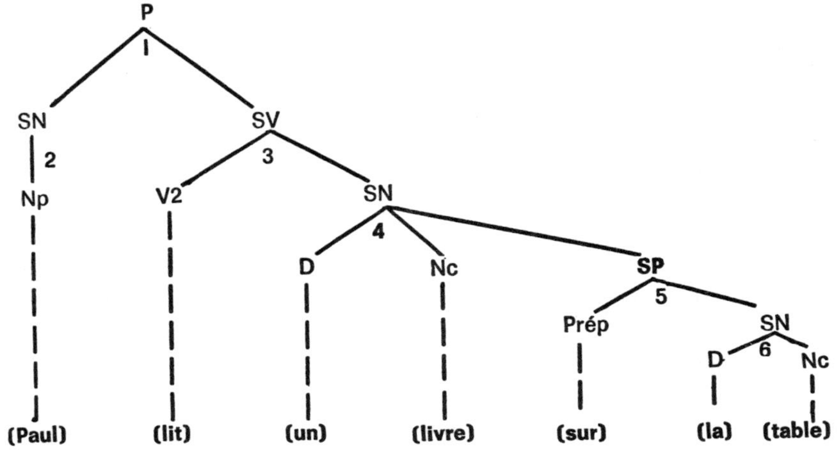

ARBRE B

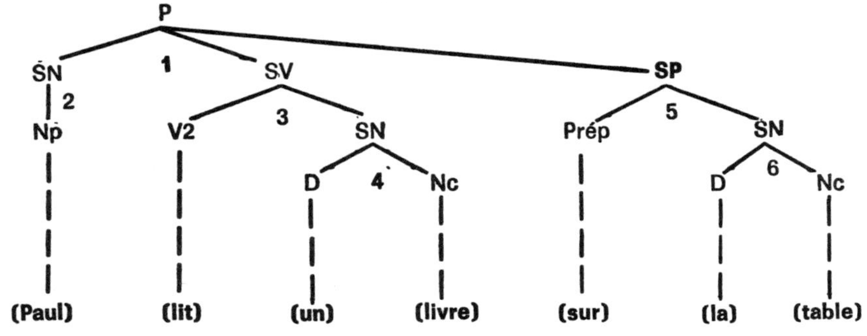

COMPARAISON.

Les deux indicateurs syntagmatiques visualisent bien l'écart qui existe entre les deux suites finales apparemment semblables. Dans le premier cas, le SP est introduit en *4* dans la réécriture du SN constituant de SV par application de la règle 2. Dans le second cas, le SP est introduit dès *1* dans la réécriture de P par application de la règle R1.

C'est donc bien sur une différence d'énumération que repose la différence de sens et vous voyez que la grammaire générative autorise une analyse élégante de ce genre d'ambiguïté.

10.3.9. Limites du niveau syntagmatique

La levée de cette ambiguïté ne doit pas vous donner l'impression que tout est résolu. Des limites apparaissent. Donnons quelques exemples.

EXEMPLE 1.

Nous avons jusqu'ici ramené la réécriture du SV à des règles très simplifiées comme par exemple :

$$\text{- SV} \rightarrow \left\{ \begin{array}{l} \text{V1} \\ \text{V2} + \text{SN} \end{array} \right.$$

- V1 → *dort*
- V2 → *regarde*

Il est clair qu'arriver à des éléments terminaux comme *dort* ou *regarde* limite singulièrement la capacité générative de notre grammaire. Pour l'améliorer, il faudrait prévoir une série de règles comme :

- V1 → *dort, court, va, ...*
- V2 → *regarde, donne, écoute, ...*

Mais où s'arrêter ? C'est un dictionnaire qui commence et encore n'est-ce qu'un dictionnaire des troisièmes personnes du singulier du présent de l'indicatif !

EXEMPLE 2.

Les limites du niveau syntagmatique apparaissent encore si l'on essaie de rendre compte de phrases déclaratives négatives, ou interrogatives. Comment dessiner l'arbre de :

- Le soleil ne brille pas.

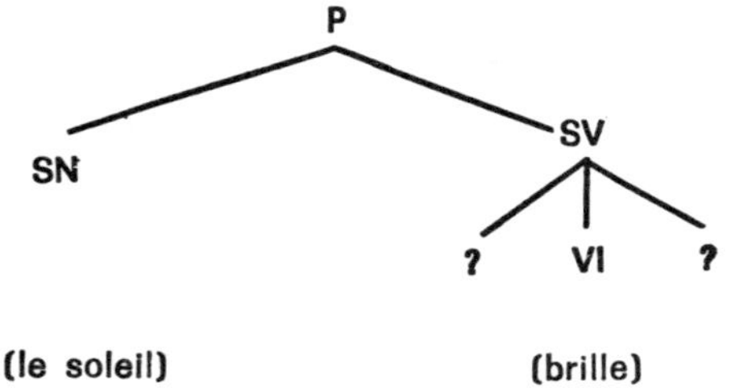

Ne ... pas forme un tout : pourquoi le partager en deux constituants du SV ? Et si une règle prévoit ce cas une autre devra prévoir : *Je ne l'ai pas vu,* une autre encore : *Je crois ne pas comprendre.* Ajoutons que toutes ces règles feront toujours de *ne ... pas* des constituants de SV, alors qu'on peut préférer considérer que la négation concerne toute la phrase.

EXEMPLE 3.

Vous n'auriez pas grand peine à dessiner l'arbre de :

- Le soleil illumine la baie.

Mais comment rendre compte de :

- Le soleil l'illumine.

On pourrait compliquer les règles et réécrire ainsi le SV :

$$SV \begin{cases} V1 & \\ V2 + SN & (\textit{illumine + la baie}) \\ \text{Pronom} + V2 & (\textit{l' + illumine}) \end{cases}$$

Mais une telle règle n'explique pas pourquoi on s'autorise à distinguer comme deux possibilités de réécriture du SV, deux suites qui sont manifestement liées. Vous voyez que la différence entre réécrire le SV → V1 et le réécrire → V2 + SN, n'a rien de commun avec la différence entre SN → V2 + SN et SN → Pr + V2.

EXEMPLE 4.

De même que les deux phrases de l'exemple précédent, les deux phrases qui suivent sont évidemment parentes :

- Le soleil illumine la baie.
- La baie est illuminée par le soleil.

L'analyse syntagmatique les enferme toutes les deux dans des boîtes non communicantes et s'avère incapable d'expliquer leur parenté, le passage de l'une à l'autre.

10.3.10. Conclusions

C'est pour résoudre les problèmes posés par ces limites du niveau syntagmatique, qu'on s'est tourné vers les procédures transformationnelles.

Elles seules sont capables de rendre compte du problème de l'exemple 4. Elles évitent de devoir utiliser la règle hétérogène de l'exemple 3. Elles traitent les exemples 2 et 1, sans qu'on assiste à une prolifération de règles particulières. En soi cette prolifération n'est pas condamnable mais il est toujours préférable d'aller vers les solutions les plus unificatrices.

⁂

PROPOSITIONS D'EXERCICES

1 - Soit la grammaire G1 :

R1. P → SN + SV
R2. SV → V + SN
R3. SN → D + N (+ Adj.)
R4. V → *a, b*
R5. D → *x, y*
R6. N → *m, n*
R7. Adj → *s, t*

a) Les phrases suivantes sont-elles grammaticales en G1 (dessinez l'arbre de chaque phrase) ?

- *x* + *m* + *a* + *x* + *n*
- *y* + *t* + *a*
- *y* + *n* + *t* + *b*
- *x* + *m* + *s* + *b* + *y* + *n* + *t*

b) Donnez quelques exemples de phrases grammaticales engendrées par G1 (dessinez l'arbre de chaque phrase).

2 - Soit la grammaire G2 :

R1. P → A + B
R2. B → C (+ D)
R3. D → E + B
R4. A → *a*
R5. C → *c*
R6. E → *e*

Les phrases qui suivent sont-elles grammaticales en G2 (dessinez les arbres) ?

- *a* + *c*
- *a* + *c* + *e* + *c*
- *c* + *e* + *c* + *e*
- *a* + *c* + *e* + *c* + *e* + *c*

3 - Soit la grammaire G3 :

R1. P → A + B
R2. A → C (+ D)
R3. D → E + A
R4. B → *b*
R5. C → *c*
R6. E → *e*

Donnez quelques exemples de phrases grammaticales engendrées par G3 (ici encore : dessinez les arbres).

□ *Voir en fin de volume les commentaires des exercices proposés.*

11. les grammaires transformationnelles

11.1. QU'EST-CE QU'UNE TRANSFORMATION ?

Une *règle de transformation* est tout à fait différente des *règles de réécriture* du niveau syntagmatique. Ces dernières peuvent se schématiser ainsi :

$$R.\ X \rightarrow Y + Z$$

Y et Z sont des *constituants* de X et c'est ce que représente l'arbre :

Au contraire, une RÈGLE TRANSFORMATIONNELLE ne correspond pas à *l'écriture des constituants* de l'élément situé à gauche de la flèche. Elle est *une nouvelle écriture de l'élément* ou des éléments situés à gauche de la flèche. On peut ainsi avoir plusieurs types de TRANSFORMATIONS (T) :

effacement	:	$X + Y \rightarrow X$
permutation	:	$X + Y \rightarrow Y + X$
addition	:	$X \rightarrow X + Y$
réduction	:	$X + Y \rightarrow Z$

Dans le cas de la *règle syntagmatique* du type de R, ce qui est à droite de la flèche est la *réécriture des constituants* de ce qui est à gauche de la flèche. Dans le cas de la *règle transformationnelle* T, ce qui est à droite de la flèche est une DÉRIVATION de ce qui est à gauche.

Comme vous le constatez, le concept de transformation n'est pas en soi très difficile, ni très moderne. Vous n'aviez pas besoin de lire ce chapitre pour savoir que *de le* donne *du.* Mais les générativistes ont proposé d'étendre considérablement l'efficacité et les domaines des transformations. C'est cette extension à tous les niveaux de l'analyse qui justifie l'appellation de GRAMMAIRE GÉNÉRATIVE TRANSFORMATIONNELLE (désormais G.G.T.).

11.2. CHOMSKY ET HARRIS

De fait, c'est à Z. Harris que revient le mérite d'avoir utilisé les transformations de manière opératoire pour développer les descriptions. Ancien élève de Harris, Chomsky a tiré partie des transformations pour élaborer dans une voie originale la G.G.T. Mais, Harris lui-même, poursuivant ses recherches, a également élaboré une linguistique transformationnelle. Si dans ce chapitre nous parlons plus longuement de la G.G.T., c'est d'abord parce que les voies d'approche de celle-ci sont aujourd'hui, dans le domaine français, assez bien balisées et qu'un débutant peut trouver à chaque pas les livres qui l'aideront. Au contraire, la linguistique harrissienne reste d'un abord plus délicat. Nul doute que les manuels d'initiation ne paraissent un jour, mais pour l'heure, nous nous contenterons de revenir sur ce point à la fin du présent chapitre, fidèle en cela à ce que nous disions dès notre avant-propos : ne jamais dissimuler les débats.

11.3. CHOMSKY (EXEMPLES)

Bien entendu, nous ne prétendons pas faire le tour des problèmes. Nous n'exposons que quelques exemples en simplifiant ce qui peut l'être sans trahir l'essentiel. Nous ne voulons pas vous faire acquérir un truc, un gadget d'analyse. Nous désirons essayer de vous faire comprendre et apprécier les intentions d'une démarche et les possibilités qu'elle offre. Le terrain ayant été ainsi préparé, la bibliographie vous permettra une découverte plus approfondie.

11.3.1. Premier exemple : la réécriture du SN

Soit les éléments suivants de la grammaire Gf du français :

R1	— P	→	SN + SV	
R2	— SV	→	...	(nous y reviendrons ci-après)
R4	— SN	→	No + GN	*(Nombre + Groupe Nominal)*
R5	— No	→	{singulier {pluriel	
R6	— GN	→	D + N	
R9	— D	→	*le*	
R10	— N	→	*enfant*	

Cette grammaire engendre la suite représentée par l'arbre *A1*.

ARBRE A 1

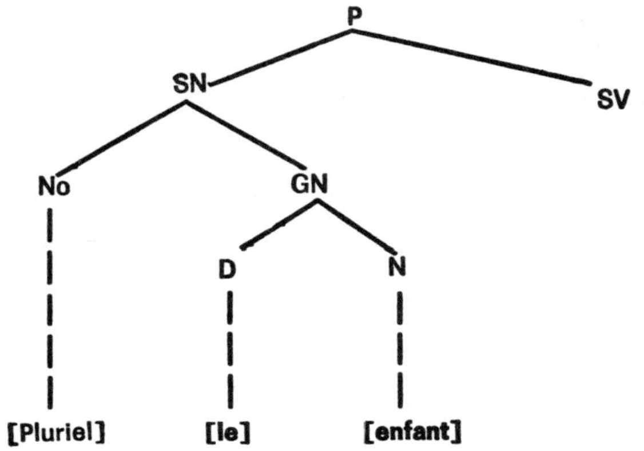

Nous obtenons donc la ligne terminale de la branche SN de l'arbre :

A) [Pluriel] + [*le*] + [*enfant*]

Appliquons à cette suite la *transformation pluriel* (T *pluriel*) :

1er aspect — *réduction* :
[Pluriel] + [*le*] → [*les*]
2e aspect — *permutation :*
[Pluriel] + [*enfant*] → [*enfant*] + [pluriel]

Nous obtenons une ligne B ainsi écrite :

B) [*les*] + [*enfant*] + [Pluriel]

Il ne reste qu'à appliquer les règles de la composante phonologique du français pour obtenir la suite finale réalisée :

c) [lεzãfã]

11.3.2. Second exemple : la réécriture du SV

Soit les éléments suivants de Gf :

R1 — P → SN + SV
R2 — SV → Aux + GV *(Auxiliaire + Groupe Verbal)*
R3 — GV → V + SN
R4 — SN → No + GN
R5 — No → { Singulier / Pluriel }
R6 — GN → D + N
R7 — V → *chanter*
R8 — Aux → ent
R9 — D → *le, une*
R10 — N → *enfant, comptine*

Cette grammaire peut engendrer une suite représentée par l'arbre *A2*.

ARBRE **A 2**

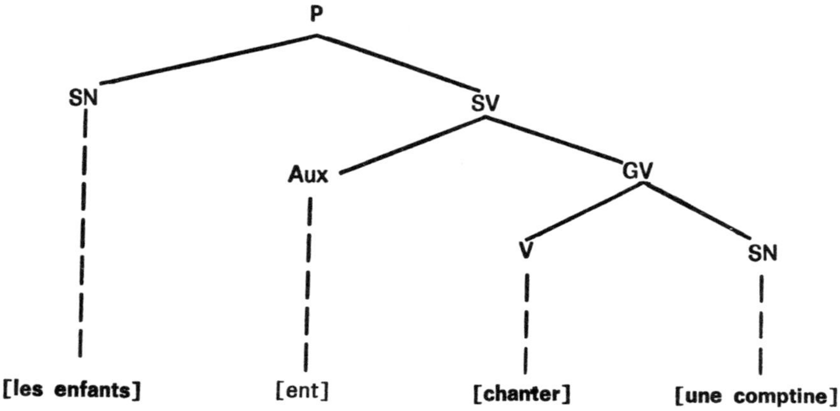

Nous obtenons sur la ligne terminale du SV :

A) [ent] + [*chanter*]

Appliquons à cette suite une *permutation* (T *auxiliaire*) :

B) [ent] + [*chanter*] → [*chanter*] + [ent]

L'application des règles de la composante phonologique du français conduit à la suite réalisée :

c) [ʃɑ̃t]

REMARQUE.

Le constituant AUX qui apparaît dans la règle R2 n'a rien à voir avec l'auxiliaire des temps composés de la grammaire scolaire. C'est un élément qui permet d'inclure dans la procédure transformationnelle, l'ensemble de la conjugaison. Bien entendu, sa réécriture en R8 : Aux → ent, simplifie plus qu'outrageusement les faits. Aux est en réalité constitué lui-même de plusieurs éléments dans une règle dont le schéma est :

Aux → (X) + (Y) + (Z)

où X, Y, Z recueillent les matériaux qui permettent d'aboutir à (ent). Ces matériaux sont : temps, personne, nombre, modalités diverses, ... etc. Que le lecteur ne nous accuse pas de lui dissimuler quelque chose ; il est impossible d'entrer dans trop de détails pour une simple initiation et cela, d'autant plus que ces problèmes sont encore l'objet de nombreux débats.

11.3.3. L'exemple complet : SN + SV

Rassemblons tout ce que nous venons de voir : arbre *A3*

ARBRE **A 3**

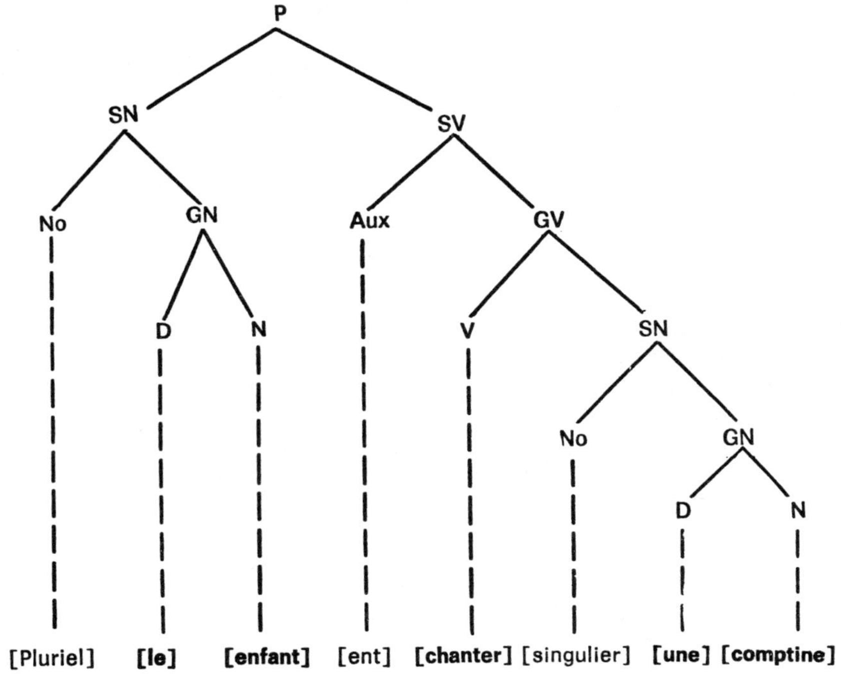

Ce qui conduit aux trois lignes :

A) [Pluriel] + [*le*] + [*enfant*] + [ent] + [*chanter*] + [singulier] + [*une*] + [*comptine*]

B) [*les*] + [*enfant*] + [Pluriel] + [*chanter*] + [ent] + [*une*] + [*comptine*]

C) [lɛzãfãʃãtynkɔ̃tin]

11.3.4. Structure profonde, structure de surface et phrase réalisée

Il importe de ne pas confondre les lignes A, B et C.

La ligne A est la *ligne terminale* de l'indicateur syntagmatique. AVEC LUI, elle constitue ce qu'on appelle la STRUCTURE PROFONDE DE LA PHRASE.

Bien entendu, on ne peut ni « dire » ni « écrire » une structure profonde. Elle ne peut se représenter que par des *symboles* comme l'arbre. Elle ne s'approche qu'à un niveau de *totale formalisation*. Et il ne faut pas oublier que cette « description » de la structure profonde intègre aussi la *capacité de l'engendrer*, capacité quasi-inconsciente et de toute évidence, irreprésentable !

La ligne B résulte de l'application des *transformations à la ligne* A. Elle donne l'*image syntaxique* de la phrase définitive. On l'appelle la STRUCTURE DE SURFACE DE LA PHRASE.

Elle non plus ne peut ni se « dire », ni « s'écrire ». Elle est encore une représentation symbolique formalisée.

La ligne C est la *phrase définitive*, celle qu'on « dit », qu'on « écrit ».

Répétons-le : il importe de ne pas confondre les lignes A, B et C. Nous reviendrons sur ces distinctions mais vous pouvez dès maintenant noter ce point absolument fondamental : *les structures profondes ne sont pas identiques aux structures de surface*. Elles ont été modifiées par les transformations.

11.3.5. Autre exemple : la réécriture de Σ

Soit les éléments suivants de la grammaire Gf :

R1. Σ → Const + P
(*Sigma* se réécrit *Constituant* + P)

R2. Const → $\left\{ \begin{array}{l} \text{Affirmation} \\ \text{Négation} \end{array} \right\}$ + (Passif)

R3. P → SN + SV

R4. SV → Aux + GV

R5. GV → V + SN

R6. SN → *les enfants, une comptine*

R7. V → *chanter*

R8. Aux → ent

Le symbole Σ (la lettre grecque Sigma) représente la PHRASE DE BASE Elle correspond à la profondeur maximum de la structure.

Nous pouvons dessiner l'arbre *A4*.

ARBRE A4

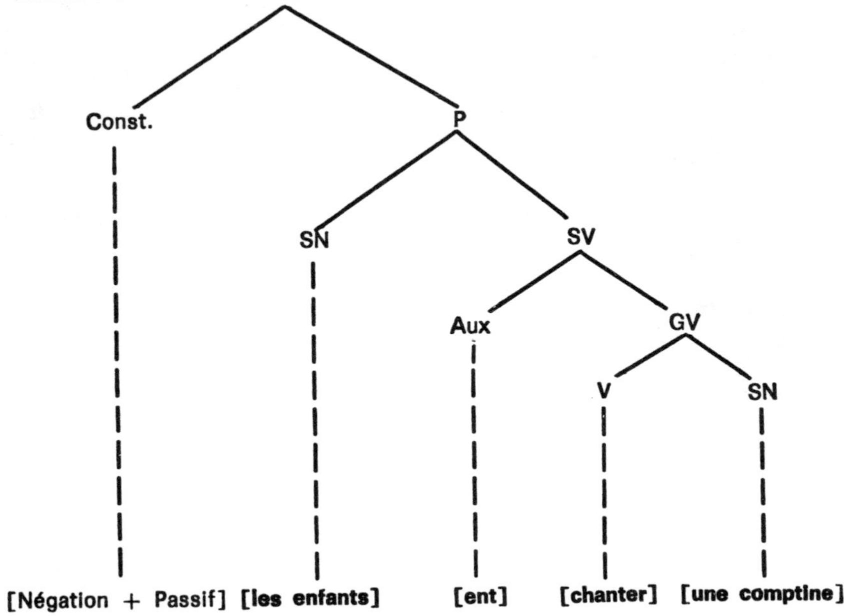

Nous avons donc :

A) [Négation + Passif] + [*les enfants*] + [ent] + [*chanter*] + [*une comptine*]

On applique d'abord T *négation* pour obtenir la réécriture de SV *(addition)* :

[Passif] + [*les enfants*] + [ne] + [*chanter*] + [ent] + [pas] + [*une comptine*]

On applique ensuite T *passif (permutation* et *addition)* :

B) [*une comptine*] + [ne] + [*être*] + [pas] + [*chanter*] + [é] + [*par*] + [*les enfants*]

D'où :

c) [ynkɔ̃tinɛpaʃɑ̃tepaʀlɛzɑ̃fɑ̃]

PREMIÈRE REMARQUE.

Nous avons réécrit le CONST d'une manière très simplifiée.

Jean Dubois (1970, p. 133), propose la règle suivante :

$$\text{Const} \rightarrow \left\{ \begin{array}{l} \text{Affirmation} \\ \text{Interrogation} \\ \text{Impératif} \end{array} \right\} + (\text{Négation}) + (\text{Emphase}) + (\text{Passif})$$

SECONDE REMARQUE.

Dans une première étape de la grammaire générative, on distinguait des *transformations obligatoires* et des *transformations facultatives.* Les premières permettaient d'arriver à des phrases actives et affirmatives. A ces phrases étaient ensuite appliquées ou non (= facultatives) les transformations négative, emphatique, passive, etc.

Vous constaterez que maintenant ces constituants sont réécrits *dans* la structure profonde et les transformations qu'ils entraînent sont toutes obligatoires.

Ces deux étapes sont en gros balisées par les deux ouvrages de Chomsky : *Structures syntaxiques* (1957) et *Aspects de la Théorie de la Syntaxe* (1965).

11.3.6. Dernier exemple : un enchâssement

Nous allons essayer de rendre compte de la phrase :

- Les journaux disent que la vie augmente.

On considère que cette phrase résulte d'une phrase dite MATRICE dans laquelle on a ENCHASSÉ une phrase dite CONSTITUANTE :

[*les journaux*] + [*disent*] + /SN/ [*la vie*] + [*augmente*]

[*les journaux*] + [*disent*] + QUE + [*la vie*] + [*augmente*]

Soit en formalisant :

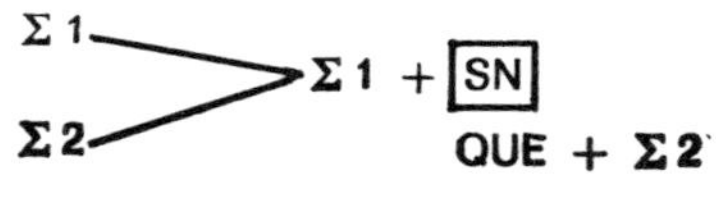

Et pour détailler plus :

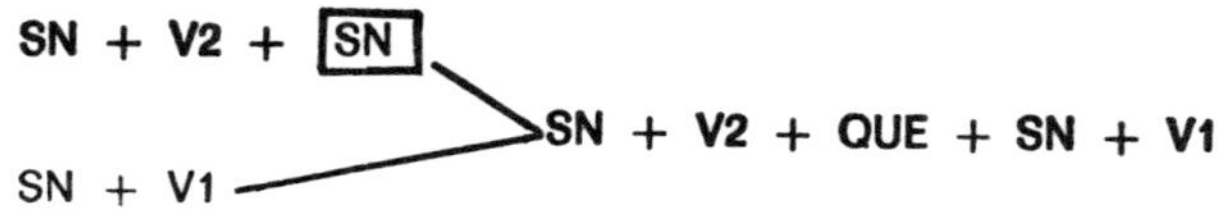

La TRANSFORMATION D'ENCHASSEMENT a donc conduit à *substituer* au /SN/ la suite QUE + Σ2. Cette transformation ne s'applique qu'aux *phrases matrices* comportant la séquence V2 + /SN/. Ce /SN/ a une *existence virtuelle mais obligatoire* en ce sens qu'il permet l'enchâssement que nous venons de voir. Notons qu'il permet également l'enchâssement d'un discours direct (Les journaux disent : « La vie augmente. »). Il est une sorte d'ouverture, très exactement une *matrice* où Σ 2 peut *s'enchâsser* par QUE.

11.4. RIGUEUR DES PROCÉDURES TRANSFORMATIONNELLES

Souvenez-vous de notre interrogation à la fin du chapitre consacré à la grammaire générative. Nous nous demandions comment engendrer :

- Le soleil l'illumine.

où *l'* représente *la baie.*

On part de :

- Le soleil illumine la baie.
- SN + V transitif + SN

Cette structure autorise la *pronominalisation* du second SN.

La *Transformation Pronominale* se déroule en deux temps :

1. SN + V2 + SN
2. SN + V2 + Pronom
3. SN + Pronom + V2

Soit une *substitution* (en 2) suivie d'une *permutation* (en 3). A cette dernière structure il suffit d'appliquer la règle phonologique *la* → *l'* pour obtenir la phrase effective.

En résumé :

1. (le soleil) + (illumine) + (la baie)
2. (le soleil) + (illumine) + (la)
3. (le soleil) + (la) + (illumine)
4. (le soleil) + (l') + (illumine)

On peut donc dégager la loi suivante :

Une transformation donnée s'applique à une séquence donnée dans un ordre donné. Voyons ces deux points sur l'exemple que nous venons de traiter.

1. Une transformation donnée s'applique à une séquence donnée. La *Transformation Pronominale* que nous avons vue ne peut s'appliquer qu'à une séquence initiale :

SN + V trans + SN

et non pas à une séquence :

SN + V intrans + SN

Je peux passer de P1 à P2 mais pas de P3 à P4 :

P1. Le boulanger travaille la pâte.
P2. Le boulanger la travaille.
P3. Le boulanger travaille la nuit.
P4. * Le boulanger la travaille.

2. Une transformation s'applique dans un ordre donné :

1. SN + Vt + SN (le boulanger + travaille + la pâte)
2. SN + Vt + Pronom (le boulanger + travaille + la)
3. SN + Pronom + Vt (le boulanger + la + travaille)

En effet, l'existence de phrases comme :

P5. Travaille-la !

et non-existence de phrases comme :

P6. * Le boulanger la pâte travaille.

indiquent que la substitution *la pâte* → *la* s'effectue avant le déplacement. Dans le cas de P5, la présence du Const *Impératif* bloque le pronom derrière le SV et efface le sujet. C'est la *Transformation Impératif*, ou du moins l'un de ses aspects.

Vous constatez donc que les procédures transformationnelles sont très rigoureusement programmées. Vous pouvez vous douter que ces programmes ne sont pas toujours évidents et qu'ils soulèvent bien des débats.

11.5. LA THÉORIE LINGUISTIQUE (REMARQUES)

11.5.1. Les composantes du langage

Les analyses des deux derniers chapitres (10 et 11) ont souligné la place centrale qu'occupe la syntaxe dans les perspectives de la grammaire générative transformationnelle. Cette place lui permet de relier le sens et le son :

langage { composante sémantique ↑ composante syntaxique ↓ composante phonologique }

La *théorie syntaxique* suppose donc une *théorie sémantique* et une *théorie phonologique.*

11.5.2 Le rôle central de la syntaxe dans l'acquisition

Dans le passage du langage en puissance au langage en acte qui est l'acquisition du langage par celle d'une langue, l'acquisition de la syntaxe joue le rôle essentiel. Sur ce point les analyses de L. Lentin rejoignent les postulats de la grammaire générative qui font de la composante syntaxique la composante centrale du langage. C'est à son propos que se distinguent les divers niveaux des enfants : « Les nombreux enregistrements de discours libre (ou provoqué) d'enfants de 3 à 7 ans et les premiers résultats d'études comparatives montrent nettement que les différences significatives entre les langages des enfants ne proviennent pas essentiellement des qualités de la prononciation, de la richesse de vocabulaire ou de l'exactitude grammaticale, mais bien du niveau syntaxique de leur discours » (L. Lentin, 1972, p. 87).

Cette notion de *niveau syntaxique* permet en effet de constater que certains enfants n'utilisent que des constructions simples (juxtaposition, coordination), tandis que d'autres enfants produisent des constructions plus complexes (enchâssement). Il ne s'agit pas, bien entendu, de juger d'une norme par rapport au bon usage, mais d'une utilisation des ressources de la langue.

11.5.3. Structure profonde et structure de surface

Nous avons vu sur plusieurs exemples que l'ordre des éléments diffère dans les deux structures du fait de l'application des diverses transformations. Exemple :

$$A + B + C \rightarrow A + C + B$$

Cette constatation est capitale : « Nous pouvons formuler en ces termes une (...) conclusion fondamentale de la linguistique cartésienne : il n'est pas nécessaire que la structure profonde et la structure de surface soient identiques » (N. Chomsky, 1966, p. 62).

Le fait donc de constater l'existence d'ordres différents dans les diverses langues est un fait de surface. En profondeur, on peut avancer l'hypothèse d'un ordre semblable *pour toutes les langues du monde.* Chomsky propose SN + SV. La proposition est discutable... et discutée ! Mais il demeure l'idée essentielle que *la pertinence de l'ordre des éléments, inscrite dans la structure profonde, est un universel du langage.*

11.6. CONCLUSIONS

REMARQUE.

Nous l'avons signalé dès le début du chapitre 10 : la grammaire générative transformationnelle est récente, les recherches sont en cours et comme chaque chercheur élabore parallèlement à sa pratique une mise en ordre de la théorie, il serait impossible de prétendre introduire à toutes les différences. Si donc demain, bouleversé par les révélations qui viennent de vous être faites, vous vous précipitez sur le premier ouvrage de grammaire générative qui passe à portée de votre curiosité, n'allez pas accuser l'auteur de ce modeste livre de vous avoir vendu des symboles frelatés, non utilisés par l'auteur de l'autre livre. N'ayez pas peur : lisez !

DÉBATS.

La grammaire générative transformationnelle soulève de vives polémiques.
Celles qui tiennent à son effort de formalisation ne sont pas toujours recevables puisque cette grammaire se veut, d'entrée, explicite donc formelle. En revanche, pour ce qui est d'introduire cette formalisation à l'école, il nous semble qu'il faut être prudent. *En toute logique, on ne doit faire dessiner d'indicateurs syntagmatiques qu'à des élèves qui sont en âge de comprendre la différence entre structure profonde et structure de surface* (voir tome 2, 14.).

C'est dire que ces élèves sont au moins des étudiants. Avant de trancher trop vite de ce point, il convient que celui qui juge se demande s'il est lui-même certain d'avoir parfaitement saisi l'écart et ses conséquences. Il mesurera alors la difficulté à sa juste valeur. En fait, et nous ne voudrions pas que nos exemples vous induisent en erreur, les structures profondes, intégrant ou non la composante sémantique, de toute façon correspondant à des universaux, ne peuvent être atteintes qu'à un très haut niveau de formalisation. Le reste n'est qu'approche où il faut être prudent (voir tome 2, 4.3.2.) :

$$P \rightarrow SN + SV$$

Beaucoup font remarquer que cette règle ne correspond pas à la place centrale du verbe dans la phrase (et vous reconnaissez là les démarches fonctionnalistes). D'autres soulignent que nombre de phrases réelles ne sont pas de ce type. D'autres insistent sur le fait que les procédures transformationnelles sont de brillants échafaudages ne correspondant en fait à rien de réel, ni dans l'élaboration des phrases, ni dans l'acquisition. A ces dernières objections, nous ne pouvons que répondre par des arguments déjà utilisés ici : les mécanismes qui explicitent l'énumération des phrases réelles sont à envisager dans le cadre de la *grammaire* et pas dans celui de la *compétence linguistique* du sujet ; l'arbre n'est en aucun cas le dessin ralenti puis immobilisé d'un processus qui serait quasi-instantané.

11.7. HARRIS (INTRODUCTION)

Nous venons de voir la G.G.T. tenter d'élaborer le système de règles permettant d'engendrer toutes les phrases acceptables d'une langue à partir du symbole initial. Esquissons maintenant une plus que rapide introduction aux démarches transformationnelles de Z. Harris.

Z. Harris, en prolongeant le distributionnalisme, remonte des mots aux énoncés et étudie la distribution des premiers dans les seconds. La seule application de cette analyse ne résout pas tout et, comme en grammaire générative le niveau syntagmatique (cf. 10.3.9.), elle se heurte à des impasses. C'est ainsi qu'elle enferme dans des environnements sans communication le groupe *des arbres* dans :

1. Abattre des arbres   2. L'abattage des arbres

alors que nous avons conscience d'une parenté.

On peut dès lors comprendre que la méthode proposée par Harris doive comporter « tout d'abord une théorie des relations entre les phrases. Cette approche de la grammaire consiste à se demander en premier lieu, non pas comment les phrases sont segmentées mais comment les phrases sont reliées entre elles » (Harris, 1968, p. 55). Harris constate qu'il est difficile de répondre à la question : cette phrase est-elle ou non acceptable ? La réponse s'accommode de nuances dans l'acceptation :

1. *Jean dévore un sandwich*, est immédiatement acceptable.
2. *Jean dévore un livre*, est acceptable dans un sens métaphorique de DÉVORER.
3. *Jean dévore un fauteuil* n'est acceptable que dans un contexte fantastique ou farfelu, ou dans une suite comme : *Jean dévore un fauteuil n'a pas de sens.*

Les groupes *un sandwich, un livre* et *un fauteuil* sont donc différemment ACCEPTABLES dans l'environnement *Jean dévore* + ... Ces différences se retrouvent dans les phrases passives correspondantes.

La même démarche rend compte des phrases ambiguës. Ainsi la phrase : *Je lis un livre sur la table* peut être renvoyée à deux sous-ensembles différents. Dans le premier, *Je lis un livre sur la table* sera acceptable mais *Je lis un livre sur le feu* inacceptable, à moins que *je* ne soit bardé d'amiante ou Méphisto lui-même. Ces NUANCES D'ACCEPTABILITÉ se retrouvent dans : *C'est sur la table que je lis un livre* et *C'est sur le feu que je lis un livre.* Dans le second sous-ensemble, *Je lis un livre sur la table* est aussi acceptable que *Je lis un livre sur le feu* (= un livre qui parle du feu). Et cette acceptabilité est conservée dans les transformées : *C'est un livre sur la table que je lis, C'est un livre sur le feu que je lis.*

L'étude systématique de toutes ces relations permet d'élaborer des classifications, une *grammaire de listes* comme par exemple ici, celle des verbes susceptibles de commuter avec *dévorer* dans les phrases rencontrées à l'actif et au passif en conservant les *nuances d'acceptabilités.* C'est dans cette perspective que s'inscrit l'important ouvrage de Maurice Gross sur le verbe en français (cf. Gross, 1968).

Vous pouvez constater que la démarche harrissienne ne cherche pas à se situer dans une perspective *non-taxinomique.* Même si dans la pratique les relations sont saisies non pas entre des *phrases réalisées,* mais entre des *schémas* plus abstraits de ces phrases ce sont cependant toujours les phrases concrètes qui nourrissent l'information, puisque de toute manière, ce sont les phrases concrètes et toutes ces phrases concrètes que la grammaire doit caractériser.

Vous pouvez également constater que la *notion de transformation* n'est pas uniquement définie comme une série d'opérations sur des séquences de mots, mais comme une RELATION D'ÉQUIVALENCE A L'INTÉRIEUR D'UN ENSEMBLE DE SÉQUENCES. En d'autres termes, il ne s'agit pas uniquement de passer d'une phrase A à une phrase B mais d'apprécier les parentés entre toutes les phrases qui comme A peuvent devenir B, tout en saisissant les relations qu'entretiennent entre eux les éléments qui composent les phrases A et les phrases B sur la base des acceptabilités possibles.

A première vue, la tâche est immense puisque les phrases sont en nombre infini mais la méthode transformationnelle en dégageant les ables entre les phrases à propos du choix des mots (les ceptabilité de ces mots dans ces phrases) permet de roblème à ce qu'elle appelle les *phrases élémentaires* ou , lesquelles sont à l'origine de toutes les autres.

Harris établit que tous les énoncés d'une langue se partagent en deux sous-ensembles :

1. Les DISCOURS (à peu près = les énoncés) SIMPLEMENT CONCATÉNÉS.
2. Ceux qui résultent des premiers par diverses RÉDUCTIONS (= transformations).

La description du premier sous-ensemble est faite à partir de deux termes : des OPÉRATEURS et leurs ARGUMENTS. Une fois le discours défini comme « une séquence de mots dans laquelle la présence de chaque mot nécessite la présence de certains autres mots du discours » (Harris, 1976, p. 24), vous retrouvez ici la filiation de l'analyse distributionnelle, il reste à préciser les aspects de cette nécessité. Si l'on imagine un discours *AB*, « quand *B* nécessitera *A* nous appellerons *B* un opérateur appliqué à *A*, et *A* sera l'argument de B » (Harris, 1976, p. 25).

Harris étudie alors les *opérateurs*. Ceux qui nécessitent un seul argument : *Jean arrive* (argument + opérateur) ; ceux qui en réclament deux : *Jean regarde Paul ;* ceux qui demandent un argument et un autre opérateur (lui-même contenant argument et opérateur, ou opérateur et deux arguments) : *Jean dit que Jean arrive, Jean dit que Pierre regarde Paul ;* etc.

Ainsi s'élabore *l'ensemble des discours simplement concaténés.* Ils sont *la source* de tous les autres discours, les passages des uns aux autres s'expriment en terme de *réductions* (= transformations) :

- Jean mange quelque chose → Jean mange.
- Jean dit que Jean arrive → Jean dit qu'il arrive.

Il est inutile que nous allions plus loin dans cette plus que rapide introduction. Notre but était simplement de souligner qu'à côté des analyses de la G.G.T. se développent celles d'une GRAMMAIRE TRANSFORMATIONNELLE NON-GÉNÉRATIVE. Comme cette grammaire étudie d'abord des *phrases réalisées,* son usage en classe de français nous semble moins « périlleux » que celui de la G.G.T. Voir Tome 2, 4.3.3.

PROPOSITIONS D'EXERCICES

Dessiner l'indicateur syntagmatique des phrases :

a - Mes amis achètent une voiture.

b - Mon frère pense que je réussirai.

c - Les enfants n'ont pas été surpris par la pluie.

(Bien distinguer phrases réalisées et structures profondes.)

□ *Voir en fin de volume les commentaires des exercices proposés.*

12. la lexicologie, la lexicographie, les problèmes du sens

12.1. DÉFINITIONS

Soit :

— Monsieur X..., niveau d'études primaires, vocabulaire courant auquel s'ajoutent des termes de métier ;

— Monsieur Y..., diplômé du supérieur, son vocabulaire englobe celui de M. X..., à l'exception des termes de métier et de quelques termes particuliers ;

— Monsieur Z..., cruciverbiste de première force, son vocabulaire englobe intégralement ceux de MM. X... et Y...

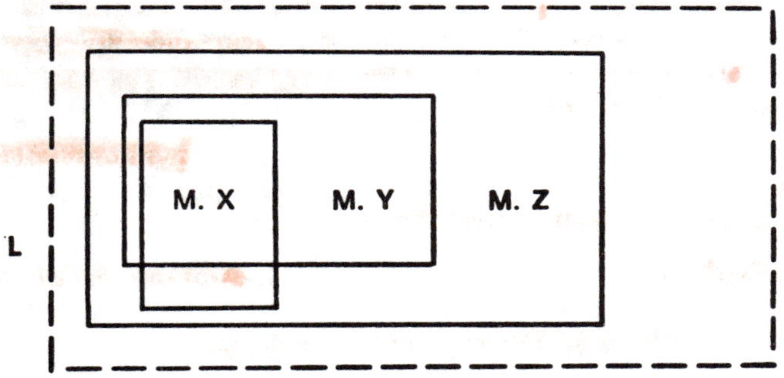

L'ensemble fictif L correspond à l'ensemble de tous les mots de la langue française : c'est LE LEXIQUE DU FRANÇAIS. Il est la somme fictive de tous LES VOCABULAIRES FRANÇAIS.

La LEXICOLOGIE est l'étude *des vocabulaires* composant *le lexique* d'une langue donnée.

Pour aider au repérage et à l'utilisation du lexique, on compose des livres appelés *dictionnaires*. L'art de composer les dictionnaires s'appelle la LEXICOGRAPHIE.

12.2. LES SIGNES DE LA LANGUE : RAPPELS

Nous ne reviendrons pas ici sur des questions déjà abordées au chapitre 4 : *Le signe linguistique*. Rappelons simplement que Saussure définit le signe linguistique comme *l'association d'un signifiant et d'un signifié*. Ce signe n'a rien de positif et les découpes qu'il permet d'effectuer dans l'univers extra-linguistique s'opposent entre elles comme s'opposent les découpes qu'il effectue dans l'univers des sons. Le signe n'est donc que l'association de deux différences.

Pour fonctionner, le langage humain a besoin de ces supports matériels que sont les sons, mais l'objet du fonctionnement appartient au domaine du psychique.

UN MOT N'ACQUIERT DONC DE SENS QU'A L'INTÉRIEUR D'UNE STRUCTURE DÉFINIE EN SYNCHRONIE. Ce sont ces structures que le lexicologue a pour tâche d'étudier. *Trois champs* principaux s'offrent à lui selon trois axes de pénétration du lexique : *morphologique, notionnel* et *sémantique*.

12.3. LES CHAMPS LEXICOLOGIQUES

12.3.1. Champ morphologique

Le CHAMP MORPHOLOGIQUE d'un mot correspond à l'ensemble des unités lexicales construites à partir de ce mot, utilisé comme mot-base. Exemple : le champ morphologique de *lune* comprend *lunaire, lunatique, alunir, lunaison...*

L'étude des champs morphologiques pose le problème de la DÉRIVATION, c'est-à-dire de la création d'unités par adjonction de *suffixes* et de *préfixes* au mot-base.

Les SUFFIXES sont bien répertoriés car ils ne fonctionnent jamais seuls. On les classe selon l'effet qu'ils ont sur le mot-base. Dans certains cas, ils le font *changer de catégorie :*

Verbes → noms : *accélération, laminoir, arroseur,...*
Adjectifs → noms : *rougeur, beauté, petitesse,...*
Noms → adjectifs : *paresseux, français,...*

Dans d'autres cas, ils modifient les *valeurs d'emploi* du mot-base :

feuille → *feuillage* (ensemble),
maison → *maisonnette* (diminutif),
ciment → *cimenterie* (lieu),

Les PRÉFIXES posent des problèmes délicats. A l'exception de certains préfixes qui ne fonctionnent pas seuls (*pro-, pré-, re-, ...*) nombre d'entre eux présentent un fonctionnement autonome. De ce point de vue, l'utilisation de l'unité *extra* dans des suites comme : *C'est extra !*

ou *J'ai engagé un extra,* pourrait conduire à considérer *extra* comme un mot à part entière et, de ce fait, mener à traiter *extraordinaire* comme un COMPOSÉ, non pas comme un DÉRIVÉ. Autres exemples : *super* à cause de : *Deux cents francs de super* ou bien *rétro* à cause de : *La mode rétro...*

12.3.2. Champ notionnel

Le CHAMP NOTIONNEL d'un mot (on dit parfois son CHAMP LEXICAL) peut s'aborder de deux manières.

On peut partir de *l'univers extra-linguistique,* relever les principaux domaines de signifiés et y placer tous les signifiants existants. Exemple : le champ notionnel de *automobile* (cf. tableau page 138).

On peut aussi partir des signifiants relevés et essayer de découvrir les structures de signifiés. Exemple : le champ notionnel de la condition féminine (cf. tableau page 138).

Vous constatez que dans les deux cas, c'est toute une étude qui se déploie. *Cette étude devra être menée dans une synchronie précise sous peine de tout emmêler,* car à des époques différentes la même unité ne trouverait pas place dans les mêmes cadres.

12.3.3. Champ sémantique

Dans l'étude du CHAMP SÉMANTIQUE d'un mot, on s'attache à étudier tous les emplois de ce mot. Un tel travail doit pouvoir, par exemple, rendre compte des emplois de *casser* dans : *J'ai cassé un verre. Tu me casses les pieds. Ça ne casse rien. Cet appareil est cassé. Il a été cassé de son grade. Il a cassé sa pipe. Il voulait casser la banque...*

Il ne faut pas confondre CHAMP NOTIONNEL et CHAMP SÉMANTIQUE. Dans le champ notionnel de *automobile,* un verbe comme *rouler* se trouve situé par rapport à *accélérer, ralentir, démarrer,...*

Mais c'est l'étude de son champ sémantique qui devra rendre compte de : *Ma voiture roule bien. Il roule des mécaniques. Il se les roule. J'ai roulé ma pelouse. J'ai été roulé. Le bateau roule fortement...*

Vous l'avez sans doute constaté, l'étude des champs notionnel et sémantique soulève d'entrée le problème de la *polysémie* et de la *synonymie.*

REMARQUE

Le tome 2 montre à partir de nombreux exemples comment on peut utiliser les champs lexicologiques pour renouveler l'apprentissage scolaire du lexique : 7.1., 7.3., 7.4.

ESQUISSE D'UN CHAMP NOTIONNEL : L'AUTOMOBILE

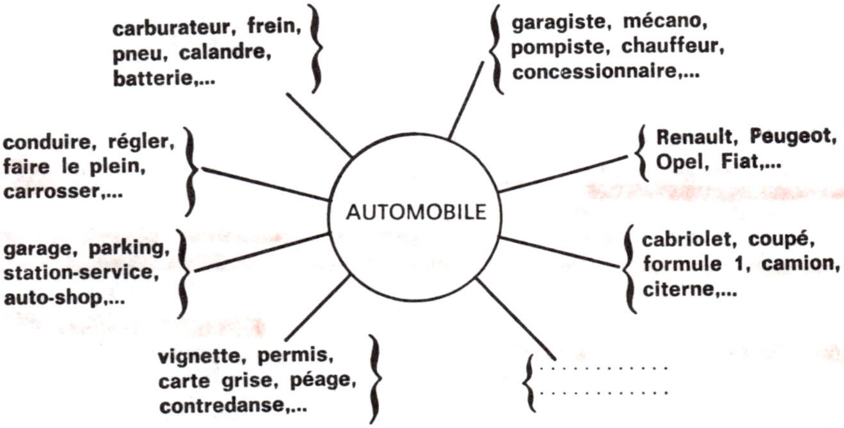

ESQUISSE D'UN CHAMP NOTIONNEL : LA CONDITION FEMININE

« FEMME »

- condition personnelle
  - âge : *une gamine, une fillette, une jeune femme,...*
  - « état » : *une vierge, une femme*
- condition familiale
  - famille : *une sœur, une cousine, une tante,...*
  - mariage
    - état : *célibataire, mariée, veuve, divorcée,...*
    - appellation : *madame, Mme, mademoiselle, épouse X,...*
  - maternité : *une mère, une maman, une maman-célibataire,...*
  - ....
- condition sociale
  - métier : *une dactylo, une perfo, une prof,...*
  - appellation : *Madame la Directrice, Madame le Ministre,...*
  - origine : *une Française, une Arlésienne,...*
  - « état » : *une dame, une fille du peuple, une bourgeoise, ...*
  - ...
- ...

(Essayez de classer : *une militante, une fille bien, une copine, un boudin, une nana, une greluche, une beauté, une sainte, ...*)

12.3.4. La polysémie

Il y a POLYSÉMIE quand plusieurs signifiés renvoient à un signifiant unique en une sorte de nébuleuse de significations.

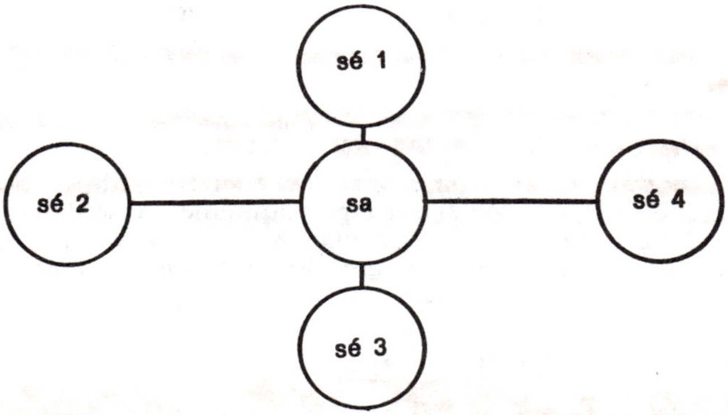

En fait, même si elles sont étymologiquement unies, les significations finissent par fonctionner de manière autonome dans l'esprit des locuteurs et l'on passe à un schéma comme :

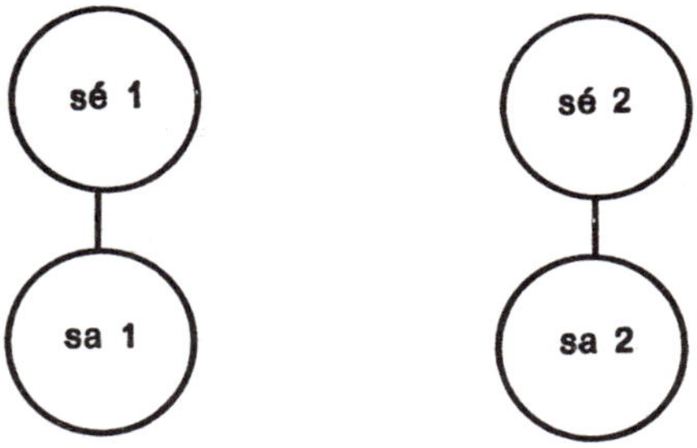

où sa 1 et sa 2 sont identiques à l'écrit et/ou à l'oral. Nous sommes donc passés du problème *sémantique* d'une *polysémie* à la remarque *formelle* d'une *homonymie*.

Les dictionnaires rendent souvent compte de ce passage. Si certains maintiennent les deux significations de *grève* sous une même rubrique : GREVE. (n.f.) Nom du bord de l'eau. Arrêt de travail.

d'autres, prenant acte de l'évolution, distinguent deux rubriques :

- GREVE. (n.f.) Nom du bord de l'eau.
- GREVE. (n.f., du précédent) Arrêt de travail.

Bien entendu, *ces écarts ne sont mis à jour que dans des phrases réelles :*

- La marée noire a pollué les grèves de Bretagne.
- Les ouvriers de... sont en grève.

C'est le contexte et ses références qui permettent de distinguer les deux sens. Le mot *cœur* ne signifie pas la même chose dans : *Il a mal au cœur. Il a le cœur malade. Il a mauvais cœur.* Le sens d'une unité ne dépend donc pas exclusivement de sa place dans un système : nous reviendrons sur ce point.

12.3.5. La synonymie

Il y a SYNONYMIE quand plusieurs signifiants semblent renvoyer à un signifié unique.

En fait, la comparaison des champs notionnel et sémantique des unités considérées conduit à distinguer des écarts qui effacent la synonymie.

Si par exemple, *appareil, engin* et *machine* semblent pouvoir recevoir des définitions quasi-identiques, la comparaison de leurs emplois permet de distinguer les traits pertinents qui les séparent.

		Ensemble fini de mécanismes destiné à remplir une fonction donnée.		
			Cette fonction nécessite :	
			la mobilité de l'ensemble	la création d'une motricité
Assemblage minutieux de composants délicats	taille indif.	APPAREIL		MACHINE (à calculer)
	grande taille		ENGIN (missile)	MACHINE (machine outil)
Assemblage moins délicat			ENGIN (de terrassement)	MACHINE (agricole)

12.3.6. Pour conclure sur ces remarques

Ces quelques rapides remarques ne font que survoler les problèmes et en laissent bien d'autres de côté. Tout ce qui tient à la question du sens sera repris un peu plus loin. Ici, nous pourrions conclure en soulignant qu'il n'est à aucun moment possible de mener une étude lexicologique « hors situation » : « Il n'est de bonne sémantique que celle qu'on dégage d'une langue en exercice et qui s'appuie sur des dénombrements complets de contextes typiques » (R.-L. Wagner, *Les vocabulaires français*, I, p. 69).

12.4. LA LEXICOGRAPHIE

12.4.1. Les types de dictionnaires

Il y a deux grands types de dictionnaires : les DICTIONNAIRES DE LANGUE et les DICTIONNAIRES ENCYCLOPÉDIQUES.

Les premiers s'inscrivent dans le seul univers de la langue et n'utilisent que les ressources de la langue pour définir les mots qu'ils retiennent. Vous n'y trouverez ni dessin, ni photo. Exemples : le *Littré*, le *Robert*, le *Dictionnaire Larousse du Français Contemporain*, etc.

Les seconds prennent prétexte des mots retenus pour fournir une information aussi complète que possible sur l'univers extra-linguistique. Vous y trouvez schémas, dessins, photos, cartes... Exemples : *Encyclopaedia Universalis*, *Encyclopédie Alpha*, etc. Un ouvrage comme l'*Encyclopédie Larousse* tente de concilier les deux points de vue en distinguant deux parties dans les articles.

On le comprend facilement : qui veut savoir comment fonctionne un alternateur, ou tout savoir sur l'architecture astèque ira chercher ses renseignements dans une encyclopédie. On le comprend également : en principe, tout locuteur d'une langue donnée L peut composer un dictionnaire de L ; les encyclopédies nécessitent des spécialistes pour chaque article. Il est concevable de traduire une encyclopédie, c'est une hypothèse absurde pour un dictionnaire de langue.

12.4.2. Les définitions

L'usager d'un dictionnaire s'irrite facilement des définitions du genre ping-pong qui renvoient la balle en définissant *méchant :* contraire de bon et *bon :* ... contraire de méchant ! Pour échapper à de semblables cercles vicieux, les auteurs des dictionnaires et surtout des dictionnaires contemporains, s'efforcent d'élaborer des définitions qui ne soient pas de simples équivalents ou antonymes.

Les meilleurs donnent à leurs DÉFINITIONS *une structure logique qui rassemble et classifie les divers* TRAITS CONSTITUTIFS *du sens de l'unité définie.* L'ordre d'énonciation allant des *traits généraux* (communs à plusieurs unités) aux *traits spécifiques* (si possible exclusifs du mot).

En essayant d'appliquer cette démarche aux termes *appareil, engin* et *machine,* nous pourrions avoir quelque chose comme :

APPAREIL. Ensemble de mécanismes généralement délicats et minutieusement assemblés, destiné à remplir une fonction donnée. Appareil s'utilise dans toutes les branches de l'activité humaine avec des domaines privilégiés comme l'électricité, les laboratoires, les contrôles.

ENGIN. Ensemble de mécanismes destiné à remplir une fonction qui nécessite la mobilité du tout. L'engin est presque toujours lourd, solide, de grande taille. Ce que soulignent les domaines d'utilisation quasi-exclusifs : blindés, travaux publics, fusées.

MACHINE. Ensemble de mécanismes destiné à remplir une fonction qui nécessite la création d'une motricité.

Ces définitions sont loin d'être parfaites : la première donne des traits spécifiques *(délicats* et *minutieusement)* avant un trait général *(destiné à ...)* ; il resterait à définir *mécanisme* et *mobilité* et *motricité ...* ; tout cela est bien long et le dictionnaire risquerait de faire trop de volume ; etc. Fort heureusement, il ne s'agissait que d'exemples. Vous pouvez cependant en déduire que c'est une étrange et périlleuse entreprise que d'élaborer un dictionnaire de langue !

12.4.3. Pour conclure sur la lexicographie

Ici aussi, nous n'avons fait que survoler les problèmes, mais nous aurions atteint notre but si vous acceptiez de lire d'un œil plus critique (au sens positif) les articles des dictionnaires *et si vous décidiez de lire la préface du ou des dictionnaires que vous avez l'habitude d'utiliser.* Tout dictionnaire repose sur une conception de la langue et de la lexicographie qui est exposée dans sa préface. Celle-ci doit être tenue pour le mode d'emploi du livre.

Pour l'usage des dictionnaires en classe voir tome 2, 8. et 9.

12.5. CONCLUSION : LES PROBLÈMES DU SENS

Qu'est-ce qu'*avoir du sens* pour une unité lexicale ?

Le problème déborde rapidement les frontières de la linguistique. Pour Saussure, il se pose dans le cadre de ce qu'il appelle la SÉMIOLOGIE : « Une science qui étudie la vie des signes au sein de la vie sociale (...) en quoi consistent les signes, quelles lois les régissent (...) la linguistique n'est qu'une partie de cette science générale » (F. de Saussure, *Cours de Linguistique Générale,* p. 33). Bien des remarques ont été faites depuis, qui précisent ou remettent en cause un tel point de vue. C'est que, quoi qu'il en soit du cadre où la question se pose, elle parcourt toute l'histoire de la réflexion humaine.

Deux grands types de réponse ont été apportés : ou *le sens découle du jeu des différences à l'intérieur d'un système de signes,* ou *il découle d'un rapport de référence à l'univers extra-linguistique.* Pour Saussure, c'est la première définition qui convient puisque le signe est présenté comme l'association arbitraire d'un signifié et d'un signifiant à l'intérieur d'un système de signes. Cela revient à enfermer à peu près le sens dans le signifié. Dans ses *Problèmes de Linguistique Générale,* Emile Benveniste distingue au contraire le sens et le signifié. Le langage fonctionne à deux niveaux : celui des signes et celui de la phrase qui est la plus petite unité sémantique. (Nous avons déjà esquissé cette analyse dans le chapitre consacré à la phrase : cf. 9.6.) Le problème du sens se pose donc non pas au niveau du signe mais à celui de la phrase. C'est à ce niveau seulement que le système de signes, sans cela simplement virtuel, prend du sens. Et ce sens découle d'un rapport de référence à l'univers extra-linguistique, la phrase étant définie comme un segment prédicatif, c'est-à-dire : disant quelque chose à propos de quelque chose.

On voit que cette dernière analyse ne vise plus à choisir entre deux *définitions* du sens, mais à distinguer deux *fonctionnements* complémentaires. C'est sûrement dans un semblable effort de synthèse que se trouvent les réponses à la question du sens, l'apparition et la fixation d'un sens correspondant aux mêmes critères : « Un sens se forme, par interprétation, à partir de données objectives, fournies par la situation, et à partir de données linguistiques, à savoir les ensembles lexicaux déjà constitués dans lesquels s'insère tel signe nouveau » (R.-L. Wagner, ouv. cit., p. 70).

Exemple : un nouveau moyen de transport est conçu qui consiste à déplacer une suite de wagons suspendus à un rail (données objectives), ce moyen s'appelle un *aéro-train* (insertion entre le champ d'*aéro-*, *avion,* et le champ de *train*).

Autre exemple : l'unité virtuelle *vous* inscrite dans le système des mots personnels du français (*je, tu...*) reçoit un sens dans une phrase en référence à une situation, même si cette phrase est réduite à la seule unité considérée : « Vous ! ».

PROPOSITIONS D'EXERCICES

1 - Sur une feuille de Sécurité sociale, relevez et classez les appellations de personne (exemple : *M., Mme, l'assuré...*).

2 - Dans ce chapitre, étudiez le champ morphologique du mot *lexique.*

3 - Dans la conclusion de ce chapitre, relevez les mots comportant un préfixe et/ou un suffixe. Classez-les.

4 - Donnez-vous des contextes du verbe *monter* et étudiez le champ sémantique de ce verbe :

Je monte l'escalier.	Je monte dans le train.
Je monte le courrier.	Je monte une affaire, etc.

□ *Voir en fin de volume les commentaires des exercices proposés.*

follows from

?

13. la linguistique de l'énonciation et la pragmatique

13.1. POURQUOI UN TREIZIÈME CHAPITRE ?

13.1.1. Le point de vue de la linguistique structurale

Les chapitres 1 à 12 sont tous écrits dans la lumière des analyses de la *linguistique structurale*. Certes, il faut faire la part des différences et des débats, et nous l'avons faite à chaque fois que cela était nécessaire, mais globalement, la dominante est celle des points de vue structuralistes.

Le corps de cette linguistique est exprimé dans le COURS DE LINGUISTIQUE GÉNÉRALE de Ferdinand de Saussure :

– La langue y est définie comme un système clos, une *structure* qui ne connaît que ses propres règles d'organisation (voir les paragraphes 4.4. et 4.5.).

– Dans cette pespective, la distinction entre la *langue* et la *parole* (3.3.) est une distinction essentielle, une distinction qui est le fondement des analyses structurales.

Cette distinction conduit à rejeter en dehors de l'analyse linguistique toutes les réalisations particulières : les paroles. Elle donne comme travail à la linguistique l'analyse de ce qui est commun à toutes les paroles : la langue.

En suivant sa démarche, la linguistique structurale sait parfaitement qu'elle « oublie » les paroles, qu'elle laisse de côté des phénomènes importants. Mais elle considère que c'est le prix à payer pour adopter une attitude vraiment scientifique.

– rechercher les règles générales, nécessaires et suffisantes,

– les règles applicables à toutes les paroles particulières,

– et explicatives de toutes ces paroles.

On voit bien que ces règles doivent être indépendantes de tous les cas particuliers.

13.1.2. Les limites de l'analyse structurale

En plusieurs endroits des douze premiers chapitres nous avons indiqué que l'analyse structurale rencontrait des limites. Ces remarques portaient sur les problèmes de l'acquisition du langage (3.5.), sur les conséquences possibles de la distinction entre forme et substance (4.7.), sur la grammaire générative transformationnelle (11.6.). Mais nous allons prolonger maintenant une remarque faite à propos de la phrase par Emile Benveniste, et la relecture du paragraphe 9.6. sera la meilleure introduction à ce qui suit.

REMARQUE

Ce que nous allons voir de la linguistique de l'énonciation et de la pragmatique ne signifie pas que la linguistique structurale a vécu. Si tel était le cas, nous n'ajouterions pas un treizième chapitre, nous écririons un nouveau livre. Même aujourd'hui, et même demain, une bonne connaissance des analyses de la linguistique structurale reste indispensable.

13.2. LA LINGUISTIQUE DE L'ÉNONCIATION

13.2.1. Définitions

De même que la distinction *langue / parole* fonde la linguistique sutructurale, la distinction *langue / discours* ouvre la voie de la linguistique de l'énonciation : « Il y a d'un côté la langue, ensemble de signes formels dégagés par des procédures rigoureuses, étagées en classes, combinés en structures et en systèmes, de l'autre les manifestations de la langue dans la communication vivante » (E. Benveniste, 1966, p. 130).

Les « manifestations de la langue » sont la mise en œuvre de la langue dans le discours. Elles ne peuvent pas être saisies et analysées en dehors de l'acte d'ÉNONCIATION, c'est-à-dire le moment d'une situation d'échange langagier, une « communication vivante ». D'où le nom de *linguistique de l'énonciation.* Cette linguistique s'attache à l'étude des marques de l'intervention du sujet énonciateur qu'on peut percevoir dans l'énoncé.

Nous allons voir deux exemples classiques de ces analyses : celui des unités qu'on appelle des déictiques, et celui des modalités de l'énonciation.

REMARQUES

On voit bien que la prise en compte de la « communication vivante » ne conduit pas à abandonner l'analyse de la langue. Elle la complète sur les points où celle-ci rencontrait des limites. C'est pourquoi

Benveniste définit deux versants pour l'analyse : le côté des relations internes du système, qu'il appelle le mode de signifiance *sémiotique* ; et le côté des relations entre le système et le monde, qu'il appelle le mode de signifiance *sémantique* (1974, p. 63).

Les « manifestations de la langue » ne manquent pas de poser des questions aux théories des structures de la langue. Saussure lui-même avait bien mesuré ces difficultés (voir 4.7., deuxième point). Mais il est devenu impossible de négliger ces questions, même si elles semblent introduire du désordre face à l'ordre des structures.

Si on peut analyser la construction d'une montre quand elle est à l'arrêt, il est impossible d'analyser son fonctionnement exact sans la faire fonctionner.

13.2.2. L'exemple des déictiques

COMBIEN Y A-T-IL DE PRONOMS PERSONNELS SUJETS EN FRANÇAIS ?

Nous avons appris à répondre à cette question en distinguant les pronoms personnels des trois personnes du singulier et du pluriel. Pour ce qui concerne les pronoms sujets, nous récitons : *je, tu, il* ou *elle, nous, vous, ils* ou *elles*. C'est cette liste que Benveniste examine (1966, p. 251-257).

La forme *il* (ou *elle*) est indéniablement un pro-nom. Dans la phrase qui suit, la forme *il* est bien *mise pour* un nom, elle est un substitut du groupe nominal *le train de Lyon* :

Le train de Lyon a du retard. *Il* arrivera à 18 h 04.

Mais le formes *je* et *tu* ne sont jamais « mises pour un nom ». Ces deux formes *désignent* les personnes présentes dans la situation d'énonciation :

- *Je* désigne la personne qui dit « je ».
- *Tu* désigne la personne à qui « Je » dit « Tu ».

Je, tu, il..., ne sont donc pas semblables. Les formes des première et deuxième personnes ne peuvent pas être interprétées uniquement dans le cadre des structures de la langue. Leur interprétation suppose la prise en compte de la *situation d'énonciation*.

LES DÉICTIQUES

On appelle *déictiques* les formes de la langue qui ne peuvent être interprétées que par rapport à la situation d'énonciation.

Si la catégorie des déictiques ne comportait que les formes des première et deuxième personnes, il n'y aurait évidemment pas besoin de lui donner un nom, et encore moins d'en déduire une remise en cause des analyses tournées vers la seule structure de la langue. Mais les unités sont nombreuses.

– Ou ce sont des unités toujours déictiques, comme les adverbes *ici, maintenant, hier, demain*... :

Je l'ai posé ici. Je l'ai vu hier. Il revient demain.

– Ou ce sont des unités qui ont des emplois déictiques :

Le lundi 15 mars 1993, il faisait beau. (non déictique).
Je reviens lundi. (déictique : le lundi après l'énonciation).
J'ai rencontré un ami. Cet ami m'a dit... (renvoi au texte).
A qui est ce sac ? (déictique : renvoi à la situation).

13.2.3. L'exemple des modalités

Nous avons tous appris qu'il y a des phrases déclaratives, interrogatives et impératives, affirmatives ou négatives. Ce classement repose sur des données qui concernent l'organisation de la phrase, et il définit généralement la phrase déclarative affirmative comme le type de base. La linguistique de l'énonciation invite à aller au-delà en considérant qu'il ne s'agit pas de types de phrases (analyse de la langue), mais de *modalités d'énonciation*, c'est-à-dire de modalités qui concernent la forme de la relation établie entre l'énonciateur et son interlocuteur.

De ce point de vue, les « manifestations de la langue » retrouvent leur pleine dimension :
– Dire : *Je le connais*, ce n'est pas simplement énoncer une phrase déclarative affirmative, c'est aussi s'engager dans cette affirmation, la prendre à son compte.
– Dire : *Est-ce qu'il est arrivé ?*, c'est poser une question à quelqu'un.

Ces *modalités d'énonciation* peuvent elles-mêmes être modalisées par des *modalités d'énoncé* très diverses (A. Meunier, *Langue française*, n⁰ 21). Prenons l'exemple de la modalité impérative. A l'égard d'un même contenu (Que l'interlocuteur vienne), l'énonciateur peut avoir plusieur attitudes :

Viens demain ! Viens si tu peux. Allez, viens !
J'exige que tu viennes. J'aimerais que tu viennes.

13.3. LA PRAGMATIQUE LINGUISTIQUE

13.3.1. Problèmes de définition

La linguistique de l'énonciation est centrée sur le sujet de l'énonciation. On l'appelle parfois *linguistique du je-ici-maintenant*. Il arrive aussi que dès ce moment on parle de pragmatique linguistique.

Le mot *pragmatique* a d'abord été emprunté au philosophe américain Charles Morris. Il avance que le langage comporte trois dimensions : une dimension syntaxique (relations entre les signes), une dimension sémantique (relation entre les signes et le monde), une dimension pragmatique (relations entre les signes et leurs utilisateurs). Cette répartition est trop stricte et les déictiques suffisent à en souligner les limites. La linguistique de l'énonciation étudie l'influence de l'énonciateur sur la syntaxe et la sémantique. Si on l'appelle une pragmatique, c'est donc déjà dans un sens plus étendu que celui de Morris.

En fait, *pragmatique* remonte à un autre philosophe américain, contemporain de Saussure, Charles S. Peirce. Pour lui, la pragmatique est la dimension fondamentale du langage. Celui-ci n'est ni un simple reflet du monde, ni le simple résultat d'une convention sociale mettant une banque de signes à la disposition des locuteurs, mais une forme de vie, un habitus. Sur ce point, les positions de Peirce sont rejointes par celles d'un autre philosophe, Ludwig Wittgenstein.

On peut donc considérer que la *pragmatique linguistique* a pour programme l'étude de toute la réalité du langage, de la manière dont il joint, dans son usage ordinaire, les hommes et le monde. De ce point de vue, même le champ de la linguistique de l'énonciation n'est plus assez large. Nous pouvons reprendre notre comparaison de la langue et d'une montre :

– La linguistique structurale se demande comment la montre est construite. Elle analyse la langue et ne retient des paroles (au sens du C.L.G., voir 3.3.) que ce qui est général, que ce qui concerne donc la langue.

– La linguistique de l'énonciation se demande comment marche la montre. Elle concerne l'analyse du mécanisme (la langue), mais elle examine maintenant le fonctionnement réel (la parole, le discours).

– La pragmatique au sens plein demande qu'on aille plus loin : « C'est comme si on disait : La montre indique le temps. CE QU'est le temps. Cela n'est pas encore décidé. Et quant à savoir POURQUOI on lit le temps – cela n'a rien a voir ici » (L. Wittgenstein, *Investigations philosophiques*, paragraphe 363). Dans cette perspective, la pragmatique remet en cause le partage langue / parole, ou langue / discours.

L'étude de cette pleine dimension du langage pose des problèmes méthodologiques importants. La voie est cependant maintenant balisée dans plusieurs directions. Retenons deux exemples.

13.3.2. L'exemple de l'implicite

Soit l'énoncé :

Pneu increvable.

Cet énoncé dit explicitement que le pneu en question est increvable. Il implique que les autres pneus sont susceptibles de crever. Si tous les pneus étaient increvables, la précision deviendrait aussi superflue que bizarre. De même que l'inscription *pneu crevable* sur des pneus ordinaires d'aujourd'hui. Ou de *verre cassable*, de *tissu froissable...* Le sens de l'énoncé ne se referme donc pas sur le seul « dit » de l'énoncé. Il porte avec lui des savoirs partagés, une « forme de vie ».

Soit l'énoncé :

Pierre a cessé de fumer.

Cet énoncé dit que Pierre ne fume pas. Il présuppose, par l'usage de *cesser*, qu'auparavant Pierre fumait. Cet énoncé permet donc à « je » de dire quelque chose sans le dire explicitement.
La différence entre le posé et le présupposé est très sensible quand on veut répondre. On peut aisément réfuter le posé et répondre :

Tu te trompes, il fume encore.

Mais la réfutation du posé passe par l'acceptation du présupposé. Et ce dernier est beaucoup plus difficile à réfuter :

Mais il n'a jamais fumé ! Tu dis n'importe quoi !

13.3.3. L'exemple des actes de langage

La pragmatique est une interrogation sur ce qu'on *fait* en utilisant le langage. La question est très vaste, mais l'un des aspects de la réponse est donné par la théorie des *actes de langage*.

L'ACTE DE LANGAGE PERFORMATIF

C'est le cas le plus net, et le seul qui soit vraiment indiscutable. Il correspond à la situation où l'énonciateur en disant quelque chose fait quelque chose. Par exemple, pour jurer, il faut dire : *Je le jure.* Autres exemples : *Je te donne ma parole que..., Je te baptise..., Je te remercie..., Je te parie que..., Je déclare la séance ouverte*, etc.

On voit clairement trois faits qui forment la définition de l'acte de langage *performatif* :
– Dans chaque cas, le verbe est à la première personne du singulier du présent de l'indicatif. Dire : *J'ai juré*, ce n'est pas jurer de nouveau. Dire : *Il jure que...*, ce n'est pas jurer à la place de quelqu'un.
– Dans chaque cas, la modalité d'énonciateur est déclarative affirmative. On ne peut pas jurer en disant : *Je ne jure pas, Vais-je jurer ?*
– Dans chaque cas, l'acte est comme enfermé, accompli dans l'utilisation du langage. Dans chaque cas, « dire, c'est faire » (pour reprendre le titre du livre du philosophe anglais J.L. Austin : *How to do things with words*, traduit : *Quand dire c'est faire*).

LES AUTRES ACTES DE LANGAGE

Les données ne sont pas aussi nettes pour les autres actes de langage. Certes, sur un point, il n'y a aucune ambiguïté : nous agissons en disant. Exemple : déclarer, avertir, commander, prier, supplier, menacer... Mais il semble impossible de donner un classement de tous ces actes. Ce serait classer tous les aspects de cette « forme de vie » qu'est l'usage ordinaire du langage.

Prenons l'exemple des actes dits *dérivés*. On les appelle ainsi parce que l'acte réel semble en discordance avec ce que dit l'énoncé. Nous avons tous entendu un jour quelqu'un nous dire :

Tu peux me passer le sel ?

Et nous savons bien que répondre : *Oui*, ou : *Je peux*, relève ou de la plaisanterie, ou de l'attente d'un *s'il te plaît*. Ce n'est pas une question, c'est une demande.

Si l'on veut à tout prix faire entrer tous les actes de langage dans une classification, il faut traiter ce genre d'acte comme un acte dérivé : on entend une question, mais on comprend une demande. On voit que cela revient à conserver la distinction entre langue et parole, entre langue et discours. Donc à sortir de la pragmatique. Le problème, c'est que personne n'entend vraiment une question, que personne ne se trompe sur le sens, et que nous avons appris très tôt à l'utiliser ainsi. Quel enfant confondra :

Tu veux un gâteau ?
Tu veux une fessée ?

13.4. POUR CONCLURE

Les voies de la linguistique de l'énonciation, et plus encore de la pragmatique, sont donc encore loin d'être claires. Les analyses sont complexes. Elles mettent en jeu tant de données, tant de comportements... Mais il semble qu'elles ne puissent pas être menées autrement. Si on les simplifie, cela revient à simplifier... l'homme. Redoutable projet.

*
**

PROPOSITIONS D'EXERCICES

1 - Dans ces phrases, quels sont les déictiques ?

a - Fais une marche arrière et gare-toi devant.
b - Le lendemain de cette aventure, notre héros reprit la route.
c - Paul viendra demain.

2 - Analysez les modalités de ces phrases :

a - Il ne faut pas qu'il vienne.
b - Il semble avoir échoué, hélas !

3 - Analysez la part d'implicite dans cet énoncé :

Qu'est-ce qui est encore arrivé à l'aile de la voiture ?

CHAPITRE 1

1. Voir le paragraphe 7.5.2.

2. Voir sur le tableau III, le groupe compact de ces consonnes.

4. Seul intérêt de cette segmentation : savoir où il faut couper les mots en fin de ligne. Cette connaissance peut être renvoyée à plus tard en invitant les élèves des CP et CE à ne jamais couper les mots.

5. Enregistrez-vous. (Pour bien mesurer la portée d'une prise en compte par la classe de l'oral des élèves et... du maître, voir tome 2, 5.3., 5.5., 6.2.2.).

6. Progression commandée par les graphies et qui obscurcit totalement les rapports sons/lettres. (Pour l'impact sur l'apprentissage de l'orthographe, voir tome 2, 13.)

CHAPITRE 2

1. Faites le relevé sur cinq ou six chroniques successives et le rédacteur vous livrera ses références : Académie, Grévisse, linguistes contemporains... Est-il favorable à l'évolution de la langue ? Défend-il un strict respect des règles traditionnelles ?

2 et 3. Commencez par effectuer un relevé de toutes les fautes en vous en tenant à la norme scolaire habituelle. Examinez ensuite chacune de ces fautes en vous demandant : gêne-t-elle la compréhension ? comment expliquer son apparition : confusion écrit/oral, situation de la communication, niveau de langue des interlocuteurs... ? Essayez d'établir une sorte de hiérarchie dans la gravité.

4. Qu'en dire qui ne soit pas grossier ? Il est difficile de faire plus insupportable (il ne manque guère que *le mari* et *la femme* !) et plus faux linguistiquement parlant : quel sens la consigne suppose-t-elle au verbe *obéir* ?

CHAPITRE 3

1. La capacité d'apprendre à parler peut être en place, si elle ne perçoit pas d'informations elle ne sera pas activée.

2. Dans le premier schéma, les domaines L, P et X sont confondus : la relation mot/chose est « aplatie », la notion même de langue disparaît.

3. Fait de parole par rapport à la langue française.

4. En fait, *d* est plus proche de *b* que de *a :* c'est un écrit parlé. Pour l'analyse critique de ce « faux oral », voir tome 2, 2.3.1., 5.3., 5.5., 13.1.

CHAPITRE 4

1. Si les onomatopées ne sont pas tout à fait arbitraires c'est moins parce qu'elles imitent des bruits naturels que parce qu'elles sont formées avec les sons qu'utilise la langue à laquelle elles appartiennent. Voilà pourquoi le coq ne chante pas de la même manière en France *(cocorico),* en Grande-Bretagne *(cock-a-duddledoo),* en Espagne *(quiquiriqui)...*

2. Voir 4.2.2. Première remarque.

3. C'est la longueur du mot qui conduit à cette interprétation.

4. Il faut aussi prendre en compte les valeurs.

5. Homonymie : même signifiant, signifiés différents (d'où l'utilité de graphies distinctes). Synonymie : signifiants différents, même signifié (en fait il y a toujours des écarts liés aux valeurs d'emploi).

CHAPITRE 5

1. Linguistique statique : *a, c.* Linguistique évolutive : *b, d.*

2. Ils ne manquent pas de *marée noire* à *radio-libre* en passant par *écologiste, giscardiser* ou *convivialité...*

3. Méfiez-vous surtout de ceux qui ont changé de sens.

CHAPITRE 6

1. a. lexèmes : [swaʀ], [ʀəgaʀd], [tele].
   morphèmes : [tu], [le], [ʒ], [la].
   b. lexèmes : [ɛspɛʀ], [fwa] (?), [sʀ -], [œʀ].
   morphèmes : [ʒ], [ĸ], [puʀ], [yn], [ty-a], [a], [l].
   c. lexèmes : [l -], [ʒuʀnal], [ijɛʀ].
   morphèmes : [t - a - y], [l], [d].

2. C'est un cas très limité et d'autant plus limité que nombre de ces mots ont aussi un usage dans la langue courante.

3. Aucune unité de première articulation n'est commune aux trois énoncés. De seconde articulation : [s, ø, ʀ, a].

4. Il n'y a qu'apparence de double articulation : l'économie du système est infiniment plus faible et plusieurs signes sont des symboles non arbitraires (croix, cassis, école...).

CHAPITRE 7

1. Réponse en 7.4.5.

2. Il y a quatre phonèmes : |t|, |k|, |e| et |a|. Les trois premiers se réalisent en deux variantes complémentaires : [t, d], [ĸ, g] et [e, ɛ]. Le dernier en deux variantes libres : [a, ã].

CHAPITRE 8

1. Monème autonome : [ijɛʀ]. Monèmes dépendants : [av-], [gaʀd-], [ɑ̃fɑ̃], [vwazɛ̃]. Monème fonctionnel : [d]. Modalités diverses : [nu-z-ɔ̃-e], [le-z-], [no].

2. La segmentation n'est pas toujours possible. Appliquer à [jø] les égalités de 8.4.10.

3. Variantes complémentaires : [ʒə] et [ʒ]. Pour les morphèmes communs, on voit que [ʀ] marque le futur et [ɛ] la personne.

4. *Nous* n'est pas plusieurs *je* mais *je* + *tu* ou *il (Toi et moi, nous irons nous cacher là-bas.).* Même remarque pour *vous.*

5.

	les	grandes	voiles	blanches	des	bateaux	sont	hissées
Pluriel								
écrit	+	+	+	+	+	+	+	+
oral	+	0	0	0	+	0	+	0
Féminin								
écrit	0	+		+	0		0	+
oral	0	+		+	0		0	0

Bien entendu les noms *voiles* et *bateaux* ne portent aucune marque du genre. Celui-ci est indiqué par le contexte.

6. Trois variantes complémentaires du morphème 1re personne du singulier : *je, me* et *moi.*

CHAPITRE 9

L'exercice n'est pas difficile. C'est une application simple de ce qui est exposé dans le chapitre. Dans les arbres, la place des adjectifs ou du complément du nom peut faire problème. Cela sera éclairé aux chapitres suivants.

CHAPITRE 10

1. La deuxième et la troisième phrases sont agrammaticales. Pour la troisième, n'oubliez pas que la règle R2 impose un SN après V.

2. La troisième phrase est agrammaticale.

3. $c + b$, $c + e + c + b$, ...

CHAPITRE 11

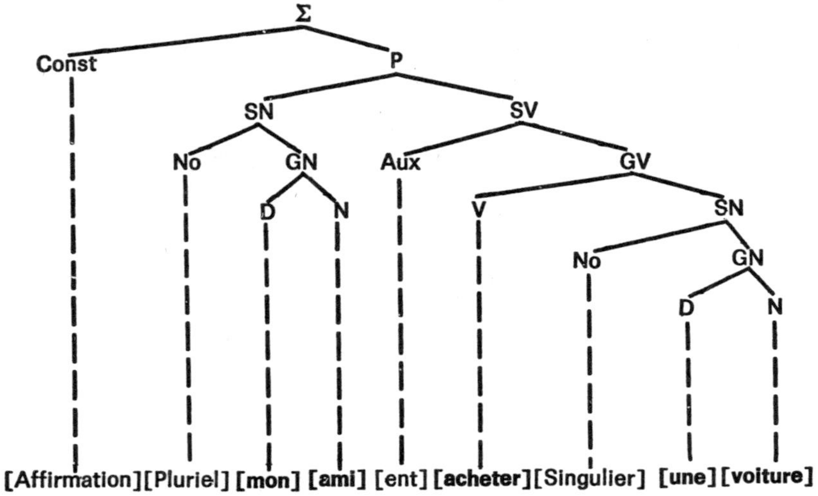

→ Mes amis achètent une voiture.
en *b)* voir 11.3.6. et en *c)* voir 11.3.5.

CHAPITRE 12

1. Les appellations ne manquent pas : *l'assuré, épouse X, M., Mme, le conjoint, le salarié, l'employeur, le malade, un tiers, l'intéressé, le pharmacien...* Relevez-les toutes et essayez de les classer par exemple en distinguant l'état civil, le travail et les soins.

2. *Lexique, lexical, lexicologie, lexicologique (lexicologue), lexicographie, (lexicographe).*

3. Pour les suffixes, le plus utile est de les classer selon qu'ils changent ou non la catégorie grammaticale de l'unité initiale : adjectif → nom, verbe → nom, nom → adjectif...
Voir tome 2, 7.3.4., 7.3.5.

4. Essayez de composer votre définition du mot pour un dictionnaire et confrontez votre résultat avec trois ou quatre dictionnaires différents. Pour la possibilité et l'intérêt de faire travailler les élèves sur les définitions, voir tome 2, 8.2.

CHAPITRE 13

1. a. L'adverbe *devant* n'a de sens que dans la situation. De même le pronom personnel de deuxième personne et ce qu'implique l'emploi de l'impératif des points de vue des interlocuteurs et du moment de l'énonciation.

b. On peut considérer *notre* comme la désignation déictique du héros de l'aventure que sont en train de partager le narrateur et le lecteur. Cette complicité disparaîtrait avec *le.*

c. Sont des unités déictiques : l'adverbe *demain* qui désigne le jour suivant celui de l'énonciation ; le futur *viendra* qui est situé lui aussi par rapport au présent de l'énonciation ; et le verbe *venir* qui, faute d'autres détails, signifie venir dans un lieu où se trouvera l'énonciateur. Comparez avec : *Il ira à Lille.*

2. a. Modalité d'énonciation déclarative négative. Modalité d'énoncé : ou un souhait pressant, ou un ordre selon les contextes. Elle est marquée par le tour impersonnel placé en tête. Le subjonctif est obligatoire, il ne dépend donc pas de l'attitude de l'énonciateur.

b. Modalité d'énonciation déclarative positive (affirmative). Deux modalités d'énoncé : la possibilité exprimée par *sembler* qui joue un rôle d'auxiliaire modal ; l'adverbe *hélas,* commentaire sur le contenu placé en fin d'énoncé.

3. *Encore* marque une présupposition : la voiture a déjà eu des problèmes. La modalité d'énonciation interrogative en marque une autre : celui (ou celle) à qui est posée la question est censé savoir ce qui s'est passé, et, peut-être, en est même responsable. De même le sémantisme d'*arriver,* très vague, implique que l'autre sait ce qui est arrivé : choc, éraflure, destruction... Une question plus neutre aurait été : *Tu as vu que l'aile est enfoncée ?*

La diversité des « réponses » soulignerait tous les implicites possibles :

– *De quoi veux-tu parler ?*
– *Comment encore ? La dernière fois c'était toi !*
– *C'est l'autre qui est dans son tort !*

PROPOSITIONS DE LECTURES

Après lecture des pages qui précèdent, vous pouvez aborder de véritables ouvrages de linguistique.

Ici encore, notre but reste celui d'une initiation. Nous ne vous proposons donc pas une abondante bibliographie mais une présentation des livres que nous avons utilisés, regroupés par thèmes essentiels.

Nous rappelons en marge les indications de renvoi utilisées dans le livre.

INITIATION COMPLEMENTAIRE

ELUERD Roland. – *Langue et littérature. Grammaire, communication, techniques littéraires,* Paris, Nathan, 1992, 448 p.

PERROT Jean. – *La linguistique,* Paris, P.U.F., Coll. « Que saisje ? », 1963, 136 pages, biblio. (Un exposé complet pour vous guider dans votre initiation.)

MITTERAND Henri. – *Les mots français,* Paris, P.U.F., Coll. « Que sais-je ? », 1992, 128 pages, biblio. (Pour mieux comprendre les problèmes du lexique.)

TAMBA Irène. – *La sémantique,* Paris, P.U.F., Coll. « Que sais-je ? », 1988, 128 pages, biblio. (Pour mieux comprendre les problèmes du sens.)

LINGUISTIQUE GÉNÉRALE

Benveniste (1966) (1974)

BENVENISTE Emile. – *Problèmes de linguistique générale I et II,* 2 vol., Paris, Gallimard, 1966-1974. 356-292 pages, index. (Des ouvrages essentiels. Composés d'articles rassemblés, ils autorisent un choix et une grande souplesse de lecture. Tous les problèmes que pose le langage y sont abordés d'une manière souvent passionnante. Vous pouvez commencer votre lecture du premier volume par les chapitres : 4, 5, 6, 8 et 10. Voyez également les chapitres 1 et 2 du second volume.)

LYONS John. – *Linguistique générale,* Paris, Larousse, 1970, 382 pages, tr. par F. Dubois-Charlier et D. Robinson. (Un manuel à utiliser comme livre de référence.)

Diogène

PROBLEMES DU LANGAGE. – Ouvrage collectif, Paris, Gallimard, Coll. *Diogène,* 1966, 217 pages. (Des articles de E. Benveniste, A. Martinet, N. Chomsky, R. Jakobson...)

C.L.G. — SAUSSURE (Ferdinand de). – *Cours de linguistique générale,* Ed. critique par Tullio de Mauro, Paris, Payot, 1973, 510 pages. (Vous lirez d'abord les cinq premiers chapitres de l'introduction et les première et deuxième parties de l'ouvrage : Principes généraux et Linguistique synchronique.)

Wagner (1973) — WAGNER Robert-Léon. – *La grammaire française,* 2 volumes, S.E.D.E.S., 1968-1973, 152-178 pages, biblio. commentée.

LINGUISTIQUE FONCTIONNELLE

Jakobson (1963) — JAKOBSON Roman. – *Essais de linguistique générale,* Paris, Ed. de Minuit, 1963, 260 pages, tr. de N. Ruwet. (Si nous citons ce livre ici, ce n'est pas pour vous inviter à lire ce jour et d'un trait les onze articles qu'il contient. Mais vous pouvez commencer par lire les chapitres 4 et 5, ainsi que les dix premières pages du chapitre 11 – 209 à 222 – ; faites aussi l'effort de lire l'important chapitre 6.)

E.L.G. (1960) — MARTINET André. – *Eléments de linguistique générale,* Paris, A. Colin, 1980, 216 pages. (Un exposé essentiel de linguistique fonctionnelle.)

ANALYSE DISTRIBUTIONNELLE

Le langage — BLOOMFIELD Leonard. – *Le langage,* Paris, Payot, 1970, 524 pages, tr. par J. Gazio. (Nous avons souvent cité ce livre paru en anglais en 1933. C'est un exposé complet de linguistique structurale et behavioriste. Il serait certainement prématuré que vous lisiez tout ce gros livre mais si vous pouviez l'avoir en main, le feuilleter et lire en particulier les chapitres 1, 3, 5 et 9 : cela vous serait une utile mise au point.)

Dubois (1965) — DUBOIS Jean. – *Grammaire structurale du français,* Paris, Larousse, 1965, tome I : *Le Nom et le Pronom,* 192 pages.

LES TRANSFORMATIONS

Chomsky (1957) (éd. amér.) — CHOMSKY Noam. – *Structures syntaxiques,* Paris, Ed. du Seuil, 1959, 141 pages, tr. par M. Braudeau.

1965 *(id.)* — *Aspects de la théorie de la syntaxe,* Paris, Ed. du Seuil, 1971, 284 pages, tr. par J.C. Milner.

1966 *(id.)* *La linguistique cartésienne,* suivi de *La nature formelle du langage,* Paris, Ed. du Seuil, 1969, 183 pages, tr. par E. Delannoe et D. Sperber.

DUBOIS Jean. – *Grammaire structurale du français* Paris, Larousse, 1967-1969, Tome II : *Le Verbe,* Tome III : *La Phrase et ses transformations,* 218-187 pages.

Dubois (1970) DUBOIS Jean et DUBOIS-CHARLIER Françoise. – *Eléments de tinguistique française : Syntaxe,* Paris, Larousse, 1970, 296 pages.

GROSS Maurice. – *Grammaire transformationnelle du français, Syntaxe du verbe,* Paris, Larousse, 1968, 184 pages. (Un livre difficile mais important qui relève d'une perspective transformationnelle harrissienne.)

Harris (1968) (éd. amér.) HARRIS Zellig S. – *Structures mathématiques du langage,* Paris, Dunod, 1971, 248 pages, tr. par C. Fuchs.

Harris (1976) *Notes du Cours de syntaxe,* Paris, Ed. du Seuil, 1976 240 pages, tr. par M. Gross.

LE GALLIOT Jean. – *Description générative et transformationnelle de la langue française,* Paris, Fernand Nathan, Collection N, 240 pages.

ÉNONCIATION. PRAGMATIQUE LINGUISTIQUE

ELUERD Roland. – *La pragmatique linguistique,* Paris, Nathan, Collection N, 1985, 222 pages.

ARMENGAUD Françoise. – *La pragmatique,* P.U.F., Collection « Que sais-je ? », 1985.

KERBRAT-ORECCHIONI Catherine. – *L'énonciation. De la subjectivité dans le langage,* Paris, A. Colin, 1980, 290 pages.

AUTRES OUVRAGES

COHEN Marcel. – *Histoire d'une langue, le français,* Paris, Ed. Sociales, 4e éd. 1974, 513 pages, biblio. (Un exposé historique des étapes et des causes de l'évolution du français. Très clairement écrit, ce livre applique à notre langue quelques-unes des analyses de la linguistique contemporaine.)

Lentin (1972) (1re édition) LENTIN Laurence. – *Apprendre à parler à l'enfant de moins de six ans. Où ? Quand ? Comment ?* Paris, E S F, 10e éd. 1987, 226 pages, biblio. commentée.

Du parler au lire. Interaction entre l'adulte et l'enfant, Paris, E S F, 1993, 196 pages.

Recherches sur l'acquisition du langage, 2 vol., 1984-1988, Publications de la Sorbonne Nouvelle (Paris III), 232-237 pages.

(Les institutrices de maternelles ne doivent pas être les seules à se sentir concernées par les problèmes d'acquisition : ils retentissent sur toute la pratique de la langue. Plutôt que de donner une bibliographie complète des livres de L. Lentin, nous préférons vous conseiller, très instamment, de vous mettre en rapport avec l'AsFoRel (Association de Formation et de Recherche sur le langage) où l'on vous donnera tous les renseignements utiles sur les stages, les cours, les publications : 6, square Henri-Sellier, 92290 Châtenay-Malabry. Tél. 1 46 61 96 50.

WAGNER Robert-Léon. – *Essais de linguistique française,* Paris, Nathan, Collection N, 1980, 198 pages. (Des pages limpides et savoureuses sur la grammaire, le vocabulaire ou le style. Pour se réconcilier avec ces disciplines quand on a peiné sur quelque texte trop aride ou prétentieux.)

PICOCHE Jacqueline. – *Précis de lexicologie française,* Paris, Nathan, Collection N, 1977, 184 pages. (Le sous-titre marque clairement l'intérêt du livre : « L'étude et l'enseignement du vocabulaire ».)

YAGUELLO Marina. – *Alice au pays du langage,* Le Seuil, 1981, 220 pages. (Un voyage aussi agréable qu'intelligent.)

CINQ REVUES

LANGUE FRANÇAISE, Paris, Larousse.

LE FRANÇAIS DANS LE MONDE, Paris, Hachette.

LE FRANÇAIS AUJOURD'HUI, Revue de l'Association Française des Enseignants de Français (A.F.E.F.). 1, avenue Léon-Journault, 92130 SEVRES. De la maternelle à l'Université.

L'INFORMATION GRAMMATICALE, Revue de linguistique et de stylistique destinée aux enseignants, Université de Paris - Sorbonne, 1, rue Victor Cousin, Paris V^e^.

ENJEUX, C.E.D.O.C.E.F., 61, rue de Bruxelles, B-5000, Namur.

INDEX DES NOTIONS, DES ANALYSES ET DES AUTEURS

(Tous les termes suivis d'un astérisque figurent également dans le texte et dans l'Index du Tome 2 : *L'usage de la linguistique en classe de français*).

D

E

F

N

O

P

R

S

T

U

OUVRAGES DISPONIBLES
DANS LA COLLECTION SCIENCE DE L'ÉDUCATION

ABRAHAM Ada et coll. : *L'enseignant est une personne.*

ALVÈS Christian, MAOUS-CHASSAGNY Nicole, POJÉ-CRÉTIEN Joëlle : *Modèles pour l'acte pédagogique.*

ARMANDO Antonello : *Freud et l'éducation.*

ARRIGHI-GALOU Nicole : *La scolarisation des enfants de 2/3 ans et ses inconvénients.*

BAIETTO Marie-Claude : *Le désir d'enseigner.*

BAILLAUQUÈS Simone, BREUSE Edouard : *La première classe.*

BOUTON Jeannette : *Réapprendre à dormir,* 7e éd.

CRESAS (Centre de Recherche de l'Éducation Spécialisée et de l'Adaptation Scolaire) :
- *L'échec scolaire n'est pas une fatalité,* 4e éd.
- *Naissance d'une pédagogie interactive.* En coédition avec l'Institut national de recherche pédagogique (INRP).
- *On n'apprend pas tout seul,* Interactions sociales et construction des savoirs.

DEBARBIEUX Éric : *La violence dans la classe,* 2e éd.

DUFAYET Pierre, Jenger Yvette : *Le comment de la poésie,* 2e éd.

ELUERD Roland :
- *Pour aborder la linguistique,* Initiation – recyclage, tome 1, 7e éd.
- *L'usage de la linguistique en classe de français,* Critiques et perspectives, tome 2, 2e éd.

GAGNARD Madeleine : *L'éveil musical de l'enfant,* 2e éd.

GFEN (Groupe Français d'Éducation Nouvelle - Secteur Orientation) : *L'orientation scolaire en question.* Pour une autre psychologie de l'éducation.

GONTHIER Joëlle : *Dessin et dessein.* Pédagogie et contenu des arts plastiques.

GUIBBERT Pierre et VERDELHAN Michel : *Écrire et rédiger à l'école.*

HANNOUN Hubert :
- *Les ghettos de l'école.* Pour une éducation interculturelle.
- *Paradoxe sur l'enseignant.*

JACQUINOT Geneviève : *L'école devant les écrans.*

JUBIN Philippe :
- *L'élève tête à claques.*
- *Le chouchou, ou l'élève préféré.*

LANGOUET Gabriel, PORLIER Jean-Claude :
- *Mesure et statistique en milieu éducatif,* 4e éd.
- *Pratiques statistiques en sciences humaines et sociales.*

LAURENT Eveline : *L'intelligence est-elle héréditaire ?* 2e éd.

LAZAR Judith : *La télévision : mode d'emploi pour l'école.*

LENTIN Laurence :
- Tome 1 : *Apprendre à parler à l'enfant de moins de 6 ans.* Où ? Quand ? Comment ? 10e éd.
- Tome 2 : *Comment apprendre à parler à l'enfant.* Aperçu d'une expérience en cours, 10e éd.
- Tome 3 : *Du parler au lire.* Interaction entre l'adulte et l'enfant, 5e éd.

LOBROT Michel : *Lire.* Avec épreuves pour évaluer la capacité de lecture, 5e éd.

LUC Jean-Noël : *L'histoire par l'étude du milieu,* 2e éd.

LURÇAT Liliane :
- *L'activité graphique à l'école maternelle,* 4e éd.
- *L'écriture et le langage écrit de l'enfant en écoles maternelle et élémentaire.*
- *L'enfant et les autres à l'école maternelle,* ou comment on devient écolier.
- *Espace vécu et espace connu à l'école maternelle.*
- *Le jeune enfant devant les apparences télévisuelles.*

MANNONI Pierre :
- *Adolescents, parents et troubles scolaires,* 2e éd.
- *Des bons et des mauvais élèves.*

MARIET François : *L'enfant, la famille et l'école.*

MOREAU Jacqueline et coll. : *L'enseignement de la sécurité à l'école.*

MOREAU Jacqueline, BARDONNET-DITTE Jeannine, MARIET François, MÉRAL Claire : *Les activités manuelles dans l'enseignement obligatoire.*

POCZTAR Jerry :
- *Analyse systémique de l'éducation* (essai).
- *Approche systémique appliquée à la pédagogie.*
- *La définition des objectifs pédagogiques* Bases, composantes et références de ces techniques, 3e éd.

PUJADE-RENAUD Claude :
- *Le corps de l'élève dans la classe.*
- *Le corps de l'enseignant dans la classe,* 2e éd.
- *L'école dans la littérature.*

SEGRÉ Monique : *Les enfants et les adolescents face au « temps libre ».*

TOMATIS A.A. :
- *De la communication intra-utérine au langage humain.* La libération d'Œdipe, 6e éd.
- *Éducation et dyslexie,* 5e éd.
- *Vers l'écoute humaine :*
  - *Qu'est-ce que l'écoute humaine ?* Tome 1, 3e éd.
  - *Qu'est-ce que l'oreille humaine ?* Tome 2, 2e éd.

TORAILLE Raymond :
- *L'animation pédagogique aujourd'hui.*
- *L'équipe éducative.*

TOUPENCE Roger Serge : *Une éducation précoce pour l'enfant déficient.*

VAYER Pierre : *Le principe d'autonomie et l'éducation.*

VAYER Pierre, RONCIN Charles :
- *L'intégration des enfants handicapés dans la classe.*
- *L'observation des jeunes enfants.* Éthique, théorie et pratique.
- *La psychologie actuelle et le développement de l'enfant.*

VERMEIL Guy : *La fatigue à l'école,* 5e éd.

VIAL Jean :
- *L'école, cap 2001...*
- *Guide pratique d'orthographe.*
- *Histoire et actualité des méthodes pédagogiques.*
- *Les vocations et l'école.*

WALLON Henri, LURÇAT Liliane : *Dessin, espace et schéma corporel chez l'enfant.*

ZIMMERMANN Daniel :
- *Observation et communication non verbale en école maternelle.*
- *La sélection non verbale à l'école.*

ZIV Avner : *L'humour en éducation.* Approche psychologique.

ZIV Avner, DIEM Jean-Marie : *Psychopédagogie expérimentale.*

*
**

- *Questions-Réponses sur l'école maternelle,* 4e édition.
- *Questions-Réponses sur l'éducation physique et sportive,* nouvelle édition.

Achevé d'imprimer
en septembre 1993
par IMPRIMERIE LIENHART
à Aubenas d'Ardèche

Dépôt légal septembre 1993
N° d'imprimeur : 6393
N° d'édition : 2078 ED 1878